U0623013

传世励志经典

血性的斗士
闻一多

黄 超 编著

中华工商联合出版社

图书在版编目（CIP）数据

血性的斗士——闻一多/黄超编著. --北京：中
华工商联合出版社，2015.6
ISBN 978-7-5158-1335-6

Ⅰ．①血… Ⅱ．①黄… Ⅲ．①闻一多（1899～1946）
一传记 Ⅳ．①K825.6

中国版本图书馆 CIP 数据核字（2015）第 118800 号

血性的斗士
——闻一多

作　　者：黄　超
出 品 人：徐　潜
策划编辑：魏鸿鸣
责任编辑：崔红亮
封面设计：周　源
营销总监：曹　庆
营销推广：王　静　万春生
责任审读：郭敬梅
责任印制：迈致红
出版发行：中华工商联合出版社有限责任公司
印　　刷：天津旭丰源印刷有限公司
版　　次：2015 年 7 月第 1 版
印　　次：2023 年 4 月第 4 次印刷
开　　本：710mm×1020mm　1/16
字　　数：200 千字
印　　张：16
书　　号：ISBN 978-7-5158-1335-6
定　　价：59.80元

服务热线：010－58301130
销售热线：010－58302813
地址邮编：北京市西城区西环广场 A 座
　　　　　19－20 层，100044
http://www.chgslcbs.cn
E-mail：cicap1202@sina.com（营销中心）
E-mail：gslzbs@sina.com（总编室）

工商联版图书

版权所有　侵权必究

凡本社图书出现印装质量
问题，请与印务部联系。

联系电话：010－58302915

序

　　为了给《传世励志经典》写几句话，我翻阅了手边几种常见的古今中外圣贤大师关于人生的书，大致统计了一下，励志类的比例，确为首屈一指。其实古往今来，所有的成功者，他们的人生和他们所激赏的人生，不外是：有志者，事竟成。

　　励志是动宾结构的词，励是磨砺，志是志向，放在一起就是磨砺志向。所以说，励志不是简单的立志，是要像把刀放在石头上磨才能锋利一样，这个磨砺，也不是轻而易举地摩擦一下，而是要下力气的，对刀来说，不仅要把自身的锈磨掉，还要把多余的部分都要毫不留情地磨掉，这简直是一场磨难。所有绚丽的人生都是用艰难磨砺成的，砥砺生命放光华。可见，励志至少有三层意思：

　　一是立志。国人都崇拜的一本书叫《易经》，那里面有一句话说："天行健，君子以自强不息。"这是一种天人合一的理念，它揭示了自然界和人类发展演化的基本规律，所以一切圣贤伟人无不遵循此道。当然，这里还有一个立什么样的志的问题，孔子说："士不可以不弘毅，任重而道远。"古往今来，凡志士仁人立的都是天下家国之志。李白说：大丈夫必有四方之志，白居易有诗曰：丈夫贵兼济，岂独善一身，讲的都是这个道理。

二是励志。有了志向不一定就能成事，《礼记》里说："玉不琢，不成器。"因为从理想到现实还有很大的距离。志向须在现实的困境中反复历练，不断考验才能变得坚韧弘毅，才能一步一个脚印地逐步实现。所以拿破仑说：真正之才智乃刚毅之志向。孟子则把天将降大任于斯人描述得如此艰难困苦。我们看看历代圣贤，从世界三大宗教的创始人耶稣、穆罕默德、释迦牟尼到孔夫子、司马迁、孙中山，直至各行各业的精英，哪一个不是历经磨难终成大业，哪一个不是砥砺生命放射出人生的光芒。

三是守志。无论立志还是励志都不是一朝一夕、一蹴而就的，它贯穿了人的一生，无论生命之火是绚丽还是暗淡，都将到它熄灭的最后一刻。所以真正的有志者，一方面存矢志不渝之德，另一方面有不为穷变节、不为贱易志之气。像孟子说的那样："富贵不能淫，贫贱不能移，威武不能屈。"明代有位首辅大臣叫刘吉，他说过：有志者立长志，无志者常立志，这话是很有道理的。

话说回来，励志并非粘贴在生命上的标签，而是融汇于人生中一点一滴的气蕴，最后成长为人的格调和气质，成就人生的梦想。不管你做哪一行，有志不论年少，无志空活百年。

这套《传世励志经典》共收辑了100部图书，包括传记、文集、选辑。为励志者满足心灵的渴望，有的像心灵鸡汤，营养而鲜美；有的就是萝卜白菜或粗茶淡饭，却是生命之必需。无论直接或间接，先贤们的追求和感悟，一定会给我们带来生命的惊喜。

徐 潜

前　言

闻一多曾说：我们理想的本身，就是一首诗。如他所言，他的一生，也如同诗歌一般，浪漫绚丽，激情澎湃。

闻一多是一位诗人，但他的文学造诣不仅仅止步于诗歌，在绘画方面，他同样表现出惊人的天赋。诗人、画家，这也只是闻一多众多身份中的两个，他还是一位著名的学者，更是一位出众的民主革命家，他的一生，大部分的时间都在为民主而奔波劳累，不辞辛苦，只因他深爱着哺育自己的母亲。

幼时的闻一多，已经展露其锋芒，当他以优异的成绩进入朝思暮想的清华园时，激动、兴奋溢满全身，在他体内，无限大的能量正在酝酿着、爆发着。

殷殷之情，流转他途。一张船票，让他来到异国他乡，接受美式教育。在美国留学期间，异邦之人对中国同胞的强烈歧视，让他倍感焦虑，在东西方文化冲撞的洪流之中，他的心中萌生了文化兴国的念头，在拯救中国戏剧的行动当中，对祖国的思念愈加浓烈。

异国繁华的街景，也比不上故乡的一条泥泞小径。熟悉的街道，亲切的味道，故乡正在大洋彼岸朝他挥手。为了能早日投入家乡的怀抱，他更加努力地学习。提前完成学业后，他放弃了在美国继续深造的机会，毅然踏上了归途，纵使前路未知，但爱国之心始终指引着他一直向前。

经过西方文化的熏陶，加之外国友人的指导，闻一多对诗的研究更进一步，他批判旧体诗的迂腐，大胆推行新体诗。

1937 年，全面抗战爆发，闻一多不得不跟随清华大学一同南下。在与学子们一同徒步南迁的过程当中，他开始与下层劳动人民有了接触，面对满目疮痍的中国大地，他满腔的爱国热血开始沸腾。

尽管昆明远离抗战前线，随着战火不断绵延，其形势也不容乐观。人民在饥饿与恐惧当中自是毫无幸福可言。国民党的昏庸无能，闻一多看在眼里。官吏受贿贪污，军官克扣军饷，而真正流血流汗的士兵们却不得温饱，有的甚至沦为乞丐。闻一多意识到，若想取得胜利，就必须将抵抗侵略与争取人民解放相互联系起来，他开始从一个远离人民群众的知识分子，向与人民一同奋斗的民主斗士转变。

抗战胜利之后，苦熬八年的人民期待着迎来一个美好的未来，但国民党的腐败，使大批官员中饱私囊，人民的生活非但没有改善，反而愈加困难。人民想要民主，国民党选择专制；人民想要和平，国民党发动内战。

生性耿直、充满男儿血性的闻一多，面对国民党一再地背叛人民的意志，愤怒地站了出来。

这位留洋归来的民主主义者，俨然成了一位坚定的民主革命战士。

他组织演讲，印制期刊，义无反顾地投身到民主活动之中。

面对国民党的阻挠、特务们的恐吓，他毫不畏惧，依然高举民主的火炬。他怒斥蒋介石，痛批国民党，直到被特务暗杀的那一刻，他也没有害怕过。

英雄的鲜血染红了大地，激励着一大批青年人投入到民主斗争之中。尽管闻一多倒下了，但他英雄般伟岸的身姿，在人民心中依然屹立不倒。

英雄，死得其所！

编　者

目　录

第一章　无悔祭青春

1. 生于不俗家

　　山清水秀之地，自古便人杰地灵。位于长江中游北岸的湖北省浠水县巴河镇也不例外，以其天来之水，养育着一辈辈隽永人才。巴河镇素来人才辈出，多生状元、宰相，明万历四十七年进士、后为户部尚书的姚明恭；清嘉庆二十四年中鼎甲第一名的状元陈沆……闻一多就诞生在这样的"风水宝地"，想来，他日登顶的成就，与此也大有关联。

　　在巴河镇一带，闻家声名远播，为书香门第，代代有才人：进士 2 人、举人 5 人、贡生 17 人、太学生 62 人、秀才 119 人。这样的祖辈传承，自将优异的基因一脉相传。由是也就能追溯到闻一多本身骨子里的才学了。

　　闻一多的父亲谱名邦本，又名廷政，字固臣，号道甫，家中排行第二，系清末秀才。他共育有 10 个孩子，5 男 5 女，闻一多在男孩中排行第 4，谱名家骅。闻氏家族在当时是大户，且四世同堂，共有嫡堂兄弟 17 人，闻一多在其中排行第 11。于是为了便于称呼，弟妹们都叫他"一哥"，子侄们则称他"一伯"、"一叔"。

闻一多的父亲长于诗词曲赋，且勤奋好学，对国学造诣颇深。昔年，曾在维新变革活动中贡献心力，思想上颇为开明。耿直中正的他，怀有强烈的爱国和民族复兴之心，后终因个性纯良，弃政归隐，创办私塾。其后，建了一座"诱善斋学舍"，待家中富裕，又盖起了气派的"闻家新屋"，专辟"绵葛轩"书房。因学生日渐增多，后更身为"绵葛轩小学"。

家族血脉内含济天下苍生之愿，晚辈后生自是半点不差。家境殷实、思想境界也高，似乎这一切都为闻一多的到来做着铺垫。1899 年 11 月 24 日，伴着啼哭声，闻一多承托着自己要背负的大任降临人间。

闻家在镇里远近闻名，门庭夺目，一排屋舍很是阔气，看着便是名门望族。多年后，闻一多曾经这样描述过他的故宅：

> 面对一幅淡山明水的画屏，
> 在一块棋盘似的稻田边上，
> 蹲着一座看棋的瓦屋——
> 紧紧地被捏在小山底拳心里。

诗人总是有自己的气质，他们总会在颓废中找到新的空气。这水灵灵的文字，把闻一多自身的秀气一一呈列。而这屋宅，在儿时的闻一多心里，也贴满了老旧的回忆——那些斑驳却有些凌乱的回忆，塞满了他那颗火红的心。

幼时的闻一多很爱看戏，这也是环境使然。巴河镇地理位置优越，文化发达。四季皆有龙灯庙会以及种种民间祭祀活动，而这些活动中，最夺人眼目的非演戏莫属了。因此当地有"世上有，戏上有"、"少读儒书多看戏"的说法。这样的文化氛围，不断刺激着闻一多幼小的心，他似乎在等待着什么、准备着什么，于是当这戏成了巴河镇的一道风景时，他好像找到了某种依托。

看戏不是白看，闻一多也看出了门道儿，总会问个不停：红脸，白脸，花脸，是好人还是坏人？自小便分出了是非黑白、善恶美丑，这让闻一多不畏强暴、惩恶扬善的内在因子得到了最彻底的培育。

看了戏，明晓了善恶，闻一多会用自己的方式体会人情百味。而在这时，他又培养出了对戏曲中人物服饰的兴趣，居然在看完戏后，能将人物形态描画出来。时间久了，他笔下的山水、人物、花鸟都活灵活现，像是灌入了生命。

镇里人见闻家儿子有这般能耐，一旦有所需求，比如绣个枕头、纳个鞋底什么的，就都向他讨个画样。早年的兴趣始终伴随着闻一多到成年，后来，他进入清华大学后依旧酷爱绘画，并留学美国专攻美术。

很多时候，没有人能描绘出自己未来的模样，只能摸着石头过河。彼时的闻一多也未曾立下宏志，只是随着自己的性子。却不想，这性子造就了国之骄傲。

童年对一个人日后成长的影响，或大或小，而其在童年经历的人和事，则更会左右其对很多事情的判断。对闻一多来说，童年的记忆里不能少了家里的长工——韦奇。

韦奇忠厚善良，身强力壮，70多岁时尚能搬搬扛扛。早年，他曾参加过太平天国农民革命军，革命军失败后，他一人流落至巴河镇，入了闻家干活，一干就是几十年。闻一多对他有很深且特别的感情，这源于幼时的情感培养。

闻一多出生时，韦奇叫来了接生婆；闻一多1岁时曾身患重病，称为"热症"，高烧不退。母亲以为儿子难活，居然准备了装殓的衣衫。韦奇忙前忙后，5次请医抓药，终而把闻一多拉出了鬼门关；年纪稍大的闻一多，常会骑在韦奇的脖子上听他讲故事，讲述那些戏里人物的关系、背景；闻一多爱画画，韦奇便会找出绣像让他临摹，还为他剪纸花、订画册，甚至会带他到望天湖边写生……

闻一多的童年，因韦奇而增色、增趣不少，而闻一多也一样用自己的行动"捍卫"着这童年里的"守护神"。

韦奇曾因个人嗜好为闻家长辈所不容，家人欲对其大打出手，闻一多见了，挺身而出，极力维护韦奇，更让他躲在自己的书房里，而他则出面质问家人："打人对不对？"小小年纪，已能"路见不平"，足见其胆识和血性。

闻家门庭不凡，背景不俗，这样的家世却未滋养出纨绔子弟，这是闻家之幸。闻一多在这样的环境中慢慢成长，非但未染上半点恃强凌弱之气，反倒耿直正义，实在难得。而这样的秉性，也为他日后在革命事业以及自己的学术领域中卓有成就夯实了基础。

2. 武昌求学路

远离都市，偏远山村。这里没有灯红酒绿的奢靡，也没有复杂势利的民风，只有简单的生活，只有和睦的邻里，想来这么一个偏离世俗之地，自然应该是那些隐士之人的理想桃园。但是时代不同了，人们的需求和渴望也就不同了。

远离世俗纷争，那是古时候那些有才情之人不希望随世俗之流同流合污。而对于其后的人们来说，需要的是能与外界沟通，以此拓宽眼界。不过，对于巴河镇这样的小隅而言，即便是当地最为庞大的闻氏家族，能接触外面世界的机会也是少之又少，更不必说当时还年少的闻一多了。

当然，纵使是最远离红尘之地的桃源山村，也会有偶入之人带来新时代的消息。

当时的中国并不和平，时局不断变化，外界的纷争、新奇，抑或是不幸的消息，多多少少被镇上"有见识"之人传播开来。彼时的闻一多，对此充满了好奇，他在等待，等待一个可以离开这里，到更广阔的世界见识的机会。

年幼的闻一多，从私塾里的老师、疼爱自己的家长，还有街上妇人的口中，陆陆续续听到除四书五经之外的更多新鲜之事：从光、电等科学内容，到后来的梁启超、孙中山等名人，成人们对此看法不同，在不知不觉之中，这一切都悄悄地闯进了闻一多小小的心灵世界。

闻一多知道梁启超这个人，私塾的老师有说过，他这人很特别，有着不同于常人的眼光，宛若"现代版"的商鞅，勇敢、果断。慢慢地，梁启超在闻一多心中形成了一个高大、光辉的形象。

是时，闻一多的大哥闻展明外出求学、工作，故而与他交谈，成了闻一多年少时最主要的与外界沟通的方式，这也是闻一多最喜欢的事情之一。而大哥外出带回来的报纸，也自然成了闻一多心爱的读物——抗捐、抗税、抢米，在全国大范围内兴起；外国货在部分地区遭到抵制；孙中山领导了一群人准备要"革命"，他们反对帝国主义，反对外国强权……这些消息皆由大哥带回。年少的闻一多兴奋地翻阅着，同时也迷茫着、张望着。

1910 年，闻一多在家乡小小的私塾里已经度过了六个春秋。此前，可以通过科举来光宗耀祖，但科举早在 5 年前被取消了，他知道，要想出人头地，科举这条路已行不通了。既然这条路已被封死，那么继续在私塾里学习也没有丝毫意义，必须另寻出路。

闻一多的父辈们经过商量，决定将他送往武昌，希望他能够在省城里好好学习。

岁月更迭，领悟渐生。闻一多年岁不大，可内心早已对未来有了认识。他不负众望，果然考上了武昌两湖师范附属高等小学，系当时考取这所学校的同辈人当中年纪最小的。

该小学是两湖地区创办时间最久、规模最大的小学，"中学为体，西学为用"，是当时洋务运动的产物之一。学校采用的新教材与传统教材甚有区别，采用了西方授学的特点进行教学。就是这么一所特别的学校，培养了闻一多对时事、新闻独有的敏感性。

同年，为武昌起义爆发的前一年。

省城的确与自己家乡的小镇不同，课堂上学的，漫步街头的见闻，无不充斥着全新的思想、全新的语言，这些全新的东西让闻一多觉得自己在家乡耳闻目睹的一切是那么肤浅。每一次接受新思想的洗礼，都会让他兴奋不已，那些异于之前书中所学的知识，更让他内心滋生了奇异的满足感。

彼时，清廷大臣张之洞，希望借助洋务运动来改变中国的命运，但他最终失败。洋务运动没能使中国变得强盛，却让中国新一代的知识分子变得活跃起来。就在这么一个奇特的环境中，闻一多也在慢慢改变着。

那段时日，闻一多变得沉默寡言，他把自己强烈的改变欲望埋藏于厚厚的书本中，其丰富的情感在书中得到了释放，转而他更加奋不顾身地投入到书海之中。慢慢地，他开始用自己的思想来理解这个复杂、动荡的时代。

那时，小小年纪的他，尚无法深刻理解"革命"的真实含义，但他愿意去触碰这个敏感又伟大的词汇，于是主动看这方面的书，听这方面的报道。

大抵是因为此前的听闻，他最喜欢梁启超的文章。那是与四书五经完全不同的文字，充满力量，尽是气势。此时，梁启超是闻一多心中的英雄，他像平常的热血青年一样，接受着"故今日之责任，不在他人，而全在我少年"的使命感。

"少年智则国智，少年富则国富，少年强则国强，少年独立则国独立，少年自由则国自由，少年进步则国进步，少年胜于欧洲则国胜于欧洲，少年雄于地球则国雄于地球……"

铿锵之语，浸入少年之心，闻一多文静的表面下正涌起一股豪情。

无疑，梁启超对闻一多的影响是巨大的，那思想逐渐地渗透进他的人生观。闻一多一直以奋发图强的态度面对他的青年时光，他爱文学，尤其是古典文学，最终他没有变成"书呆子"，相信与梁启超的影响不无关系。

1911 年 2 月，闻一多的祖父离世，同年 10 月，辛亥革命爆发。这是闻一多一生当中重要的一年，具有转折意义的一年。

闻一多是幸运的，他见证了这具有划时代意义的伟大革命。那时，大街上到处都充斥着慷慨激昂的演说，各式各样的告示，各种各样的游行，这一切都让闻一多感到新鲜，但更多的还是兴奋。

诸多起义者激动地鼓励着人们剪掉老祖宗留下的长辫子，可与迂腐的旧习俗告别是需要很大勇气的，人们互相鼓舞，继而街上便慢慢可见短发之人。

闻一多悄悄地加入到游行的队伍当中，成为这新生力量的洪流之中一小股异样能量。转而，几年的工夫，他的辫子没了！

不久之后，清政府围攻了武汉三省，时局愈发紧张，学生无法上学，闻一多的叔叔便带着闻家的兄弟又回到老家。闻一多的短发给家乡带来了不小的轰动，但他却毫不在意，一门心思想着学习，很快把自己掖进了书房之中。

次年，武昌局势平稳下来，闻一多再次回到武昌，先考取了民国公校，之后进入了实修学校。

13岁的闻一多，一颗心扑在了学习上，贪婪地汲取着知识，但他并没有察觉到，他不平凡的一生才刚刚开始。

时局，催生了太多"拯救世界"般人物的出现，他们怀揣着天下万民，却将自身安危抛诸脑后。或许，他们生就为了平天下。

沉浸于知识海洋中的少年，即将面对的是他人生的巨变，他此时只是在准备，做着一飞冲天的准备。

3. 清华筑基时

当夏的踪影慢慢被秋代替，自然便由葱绿的主色调变成了枯黄。风是凛冽的，花草是凄迷的，树木是沉默的，即便如此，清华园内还是如此神圣庄严。

初来清华的闻一多格外激动，眼神之中透露着好奇，他紧张地打量着这座富丽堂皇的建筑。

1912 年，对闻一多而言，极不平凡。

臃肿的棉服束缚不了他雀跃的心，带着乡下而来的乡土气息，他伫立街头，凝望深思。

这是学子们梦寐以求的求学圣地，这将是闻一多初展才华的舞台。

闻一多的求学之路充满了传奇色彩，对他影响最大的，即是这个令他初露锋芒的"舞台"——清华。

在去清华之前，闻一多是在武昌求学的，他最终进入这所当时最具盛名的大学，皆源自武昌求学归来的一次"意外"。

那时，自武昌回归的闻一多，正赶上清华在湖北招生。这对闻一多来说，是个千载难逢的机会，可并非所有父母都愿意让自己的孩子"远洋深造"，更何况，"承欢膝下"是那个时代多数家长的愿望。

彼时，国人仍沉浸于泱泱大国的自满之中，尚自以为所存国度是文明之地，反以为西洋是野蛮之邦，这般想来，怎么会有家长愿意让自己的孩子去这所"留美预备学校"读书呢？

幸好闻家是大户，目光自然较一般人高远，思想也比较开明。面对这一机会，父亲闻丹臣决定让年纪正适合，且刚求学回来的闻一多去试试。

闻一多自小聪颖，饱读诗书的他，对这次入学考试，并无太多压力。

是时，闻一多通读梁任公的文章，所以面对试题，他大胆模仿梁启超的文笔，结果被主考官大加赞赏。尽管其他考试成绩一般，但就凭借这一手好文章，他还是赢得了第一名。

当年，清华需在湖北招收 4 名学生，笔试之后还要参加一轮英语考查。英语是闻一多的软肋，这下可愁坏了他。思及此，闻一多知道自己必须临时抱佛脚，不然就白白拿了第一，徒有虚名而已。若这次考查没能通过，那么进入清华学习也就只能是一枕黄粱了。

学习英语并非一朝一夕的工夫，不然也不会成为闻一多的弱项。幸好，此次考查只是"表面功夫"，只需稍稍习得应急英语便可。如此，勤勉的闻一多加紧苦修，最终顺利地通过了考查。

这道坎儿跨过了，还有一道坎儿在等着他——进京参加"殿试"。当时，科举虽已取消，可在某种程度上，那遗留下来的痕迹却并未彻底消除。如此，在哥哥的陪同下，闻一多入京考试，最终以湖北第二的名次被清华录取。

闻一多考取清华，对整个闻氏家族而言都有极其重大的影响。在他被清华录取之后，堂兄弟闻亦传、闻亦齐，也在他的影响之下纷纷考入清华大学，他们兄弟三人在清华里也是比较出名的，被称为"闻氏三兄弟"，这种光耀门楣的事儿，在他们家乡也引起了不小的轰动。

闻一多有着北方人的性格，直爽、粗犷，有话直说，真挚用心。他在清华求学期间，曾写了一篇叫《闻多》的自传，其中就有这样的一些对自己评价的句子——"所见独不与人同而强于自信"、"性简易而慷爽"、"不与人较短长，然待人以诚"。

总有些人，天生就异于旁人，这是上天赋予他们引导世人的一种特殊才能。闻一多便是如此，在清华大学，一开始就显出了"另类"。入学开始的穿着，就体现了他的迥异。而他对自己名字的"介绍"，就更显得大气磅礴，无所顾忌了。

他告诉同学："我叫闻多。"没有字，没有号。这让很多同学为之惊诧。是时，不少人已对人名、字、号的烦琐性提出了意见，可也是空有意见，但在清华内，像闻一多这样介绍自己的，他还真是第一人。他的举动，起到了带头作用，不久之后便得到了很多同学的响应。

当然，他的与众不同，也不仅仅局限于性格上。在清华时，他就是一个奋斗青年。曾经担任辛酉级级长之类的职务，且还做过清华校内杂志《清华周刊》的编辑工作，此外，还参加了好多种文艺活动，组织了文艺团体"游艺社"，并担任副社长一职。这些活动，彰显的是闻一多思想的进步，他举止不俗，这使其在人才济济的清华成为一道光鲜的风景。

在清华求学的岁月里，发生过许多能折射出闻一多异样秉性的事件，其中最值得一提的当属"招工事件"。

1917 年，是第一次世界大战开始的第 4 年，段祺瑞改变了原有的方向，向奥匈帝国、德意志帝国宣战。之后，在青岛收复了胶州湾，同时俘虏了大批德军，其中一部分德军被押送至北京。

这一举措，令当时一众有志青年激动不已，同时，同盟国——英国招收华工译员，很多青年都认为为国效力的时机到了，故而许多清华校友都在私底下秘密报了名，其中就有闻一多。

当时的人员分成三批去往国外，第一批顺利出国，但第二批在前往的途中出现了意外，被校方拦下，并给他们以留校察看的处分。闻一多被安排在第三批人员当中，当时的他无所畏惧，积极地参加抗争，喊出"爱国无罪"的口号。最终，事件以校方妥协收场。这一事件，即可看出闻一多骨子里的正义之气，以及为争取权益一往无前的精神。

15 岁的闻一多，在进入清华时就立下了志愿，希望自己能有益于大众，可以为社会做出贡献。为此，他认为与其独善其身，不如加入革命，让这社会彻底改变，让世人彻底醒悟。而这场"招工事件"，也恰恰表明了他当初的志愿。

清华园内的假山、荷池、松间，无处不留下闻一多勤奋的身影。清华对他来说，就是一个汲取广博之思的文化池，他自己宛若干燥的海绵，快速吸收着汩汩养分，然后慢慢将其转化为自己身体的一部分。

清华，对他来说是重要而美好的存在，一如清华也以闻一多这学子为荣一般。

4. 五四聚洪流

多事之秋，氤氲不存。是时的中国大地，阴风阵阵，好似酝酿着一场巨变的产生。果然，1919年1月18日，巴黎和会召开，中国以第一次世界大战战胜国的身份参加了这次会议，但却遭到了不公正的待遇。

当时的日本占据着青岛，因为贪图中国这块巨大的肥肉所带来的丰厚利益，便拒绝退出青岛，拒绝返还青岛主权。可恶的是，英法美三国首脑竟然同意日本的侵华要求，甚至将德国在山东享有的种种特权全部转让给了日本。中国的领土，中国的主权，就这么被当作商品，被这些可恶的帝国主义瓜分。这对中国来说，自是极其不公平的做法。

同年5月1日，英国外交大臣白尔福正式将这一决定口头通知给中国代表团。消息传回国内，原本还沉浸在战胜国喜悦之中的国人愤怒了，怒火中的中国人爆发了！

5月3日，北京学生聚集在一起，开始筹划抗议活动。

5月4日，五四运动爆发！

3000多人上街游行，示威抗议。学生们愤怒的怒火就这么一簇一簇地聚拢在一起，最终形成了火山，瞬间爆发！

主张在丧权辱国的不平等条约上签名的交通总长——曹汝霖，成了愤怒的学生们第一个想要算账的对象。愤怒的学生们，仿佛出笼老虎，很快冲进了曹汝霖的宅邸赵家楼，曹汝霖在之前听到风声，早已逃离，此刻的赵家楼空无一人，这让学生们愈发愤怒。

赵家楼的一草一木、一砖一瓦，都像是曹汝霖的化身，学生们愤怒地摔着、砸着，终而，赵家楼在一把火中化成了灰烬。熊熊的烈火，正如同此刻学生们胸腔中的怒火，越烧越旺。接着，他们痛殴驻日大使章宗祥，闻讯赶来的北洋警察逮捕了 31 名学生。

5 月 4 日是星期天，清华学校因为在郊外，没能了解白天发生的事情，闻一多也是在晚上才从那些返校的同学口中得知此事的。一瞬间，他也被学生们的愤怒情绪感染了，带着满腔的不满，挥笔写下了岳飞的《满江红》。"壮志饥餐胡虏肉，笑谈渴饮匈奴血"，无疑，这是当时所有爱国之士的愿望——收复河山，驱逐列强！

爱国之情，爱国之心，已化作浓浓恨意，于志士心底慢慢滋生。眼下，最重要的是要恢复主权，拯救那些被捕的爱国学生也变得刻不容缓。霎时，清华沸腾了，爱国的血液在每个人的身体里流窜。

清华中、高科科长，各级级长，各个社团的主要负责人齐聚一堂，讨论如何展开爱国救国运动。作为《清华学报》的中文编辑、"新剧社"的负责人，闻一多也参与到其中，并与好友罗隆基一同担任这次会议的临时书记。

当天晚上，清华全校学生在体育馆召开大会，会议上不仅汇报了当前严峻的形势，还决定成立一个学生代表团来领导这次爱国救国运动。闻一多因在校内的出色表现，故被选为该代表团的成员，一同入选的还有他的好友们。

5月7日，清华学生代表团正式成立。这是清华建校以来第一个由学生自发组织的领导组织。闻一多凭借敏捷的思路、犀利的文笔，被选为领导团的中文书记，主要负责起草文件，以及宣传品的初步设计。《清华学生代表团开会记录》，就是闻一多参加学生代表团以来最早参与起草的重要文献。

5月9日，在中国近代史上是一个可悲的日子。这一天，袁世凯签订了"二十一条"。清华学生们庄严起誓，愿牺牲生命保护国家主权。

自五四运动开始，北京的学生便以罢课来反抗，表达对当时政府的不满。由于五四运动的爆发正处于暑假阶段，部分学生因厌于罢课纷纷返乡，原本准备返乡探亲的闻一多则选择留下来。此后，留下的学生组成了暑期学生代表团，继续这次运动。

皮之不存，毛将焉附。当时的北洋政府，似乎忽略了这一点，他们居然"倒戈相向"，把枪口对准了学生。

因害怕学生组织的爱国运动，北洋政府于5月下旬下达了镇压爱国运动的命令。步军统领由"屠夫"王怀庆担任，一时间，北京到处都是巡逻的武装马队，举国上下，都呈现出一片紧张的气氛。如此野蛮的压制，并未使学生参加爱国运动的热情有所消减，反而让学生的怒火再次燃起。

6月3日，学生们在街上演说、游行，170多人被捕。

6月4日，学生们继续上街演说、游行，700多人被捕。

6月5日，学生们仍然街上。

哪里有压迫，哪里就有反抗。彼时的中国大地，不再萧索，不再惨淡，一波热血力量陡然蹿出，令世界震惊。是时，北洋政府越是镇压，学生的反抗就越是激烈。虽然爱国学生不断被捕，可却促使更多学生加入到了抗争之中。

是年，北京学生反抗被捕的消息传到了上海，为了响应北京的爱国运动，部分工人罢工，一些商人罢市，学生也开始罢课抗议，这次"三罢事件"，就是著名的"六三运动"。

尔时的闻一多，虽在校内从事起草文件的工作，但爱国心切的他怎会甘心只留在学校？很快，他也积极地加入到演说的队伍中去，一同进城的同学们都带着水壶、干粮、洗漱用具，已做好了被捕的准备。不带着任何侥幸心理的闻一多知道，进城演说一定会被抓，但他没有退缩，他知道，只有不畏惧镇压，反抗才有成效。

他曾说过："今日无人作爱国之事，亦无人出爱国之言，相习成风，至不知爱国为何物，有人稍言爱国，必私相惊异，以为不落实与狂妄，岂不可悲。"如此将国事当成己事的闻一多，不失为那个时代最卓越的民主战士之一。

五四运动的辉煌，昭示着一代国人的新思想、大视野，他们不再任由列强侵扰，学会了反抗，懂得了反抗。对于彼时的闻一多而言，国之受难，亦是民不聊生的始端。这般积极进取之思想，助推着他在革命之路上义无反顾，即便最终洒下热血，献出生命。

5. 诗人初展才

但使试内顾，得毋泪涟面！

豺貔本同类，猜意肇残肉；

失性沸相噬，绝脰决肝脾。

觊觎慰饥豹，忍待涎已垂。

两伤饱强狼，祸迫岂不知！

恃气耻先屈，孰计安与危？

——《提灯会》（节选）

硝烟散尽，天地灰蒙，一片萧索之气笼罩于清华园的上空。战争的结束并不意味着和平的到来。

1918 年 11 月 14 日，"一战"结束，北洋政府大摆战胜国的姿态，当晚举办提灯大会，宣布放假 3 天。

灯火映天，一片斑斓。当所有清华学子沉浸于胜利的喜悦中时，闻一多却独自一人留在了学校。他知道，北洋政府是绝不会如此好心的，这一番庆功只是假象。于是怀着对军阀的控诉和愤慨，他提笔写下了这首《提灯会》。

其实，闻一多当初是很喜爱旧体诗的，发表的旧体诗有 20 多首。他写诗的风格略似韩愈，豪放大气，但其中又有浪漫情怀，显出了李白诗的风韵。

当时他对于新诗还没有太多研究，直到五四运动之后，他才开始渐渐欣赏新诗。

新诗，是在白话的基础上进行语言创作，形成一种新的诗歌形式。新诗与古诗的区别在于古诗讲究对仗、押韵，要求字数统一，而新诗的优点则是"自由"。

自由、潇洒，没有了字数方面的限制，诗人可以更好地进行创作，同时对于读者来说，由于采用的是白话，自然在理解句意方面就更容易。更重要的是，理解了诗歌的内容，也就可以更好地理解诗人想要表达的情感，自然而然，就更容易体味到诗人的内心诉求，亦能与之产生共鸣。

在清华的最后一年里，闻一多在宿舍认真研究新诗，他被新诗吸引着，欲罢不能，几乎每日都要写上几行，聊表心怀。

自五四运动之后，闻一多俨然成了新文化的捍卫者，从此作别古诗，与新诗为伴。慢慢地，他开始以诗文寄托报国之思。这大抵是他有生之年，所做的完胜之事。

他曾经在一门专教大家欣赏古代诗歌的课堂上，写了这样一篇文章——《敬告落伍的诗家》，其中，他发出了"若真要写诗，只有新诗这一条道走"的愤慨。

自古及今，举凡革新者，在新的领域内最初的学习都是磕磕绊绊的，但对闻一多来说，学习新诗，掌握新诗的精要似乎不算难事。究其缘由，大抵是他有写古诗的基础，所以写起新诗来，也自能一气呵成，别有韵味。

　　太阳辛苦了一天，
　　赚得一个平安的黄昏，
　　喜得满面通红，
　　一气直往山洼里狂奔。

这是闻一多初期写的《黄昏》，与之前写的诗歌确有极大的不同。拟人、想象、色彩描写、动静结合，真正把那黄昏的太阳描述个通透。

可美中不足的是，这诗的表达略显直白，虽是直抒胸臆之作，可与其后来的诸多佳作相比，显然很有提升的空间。然而，对于新诗的尝试和热衷，孕育了一个全新的闻一多的诞生。他正在摆脱写古诗时的那些常用意象，而向新体诗过渡、发展。

描写自然景色的新诗，在他刚开始创作的新诗中占据很大比重，相信这与其之前的古典诗词创作不无关联。

关于闻一多的新诗，最早见 1919 年 11 月 14 日的《月亮和人》及《雨夜》，后《月亮和人》改名为《睡者》。能够看出，触及新事物，闻一多内心的求知欲望会鼓动着他勇敢尝试。

其实，任何人在面对新鲜事物时，都是一副一无所知的状态，几乎都会如同孩童一般，好奇而充满兴趣。闻一多也是如此。面对新诗，他越看越喜，看的愈多愈觉得古诗落后。就是这个充满傲气的人，在国文课上写了一篇新诗——《雪》，当时教他国文的大名鼎鼎的赵瑞侯，对他的举动表示格外震惊。

既然是国文课，那自然是要写古诗的，而闻一多却"不服教"，实在不太像话。赵瑞侯即使很看重闻一多，可见他这般胡闹，心中顿生一股失望之意，其在闻一多的新诗后留下了"生本风骚中后起之秀，似不必趋附潮流"这样的评语。

对于长辈且是师者的劝告，作为晚辈和学生的闻一多多少会听取，但那时的他正痴迷于新诗，根本不在意别人对自己的品评，只是礼貌还是要有，因而对老师的评语他仅一笑了之。

在之后的一次课堂上，赵老师还是让学生写古诗，本以为闻一多会好好写一首出来，没想到他变本加厉，虽说也写了一首古诗，可却是翻译之作。闻一多此举的目的，是希望老师明白，用文言文翻译是非常困难的，且意思表达也与原作大相径庭，他特地在这首诗的序中指出这点。序中，通过对比文言文与白话文的区别，他直接点明文言文的翻译不精确，从而否定了老师之前对他的评价，这不是趋附潮流，而是时代的必然选择。

闻一多写了很多新诗，但发表的并不多，第一篇发表的新诗是《西岸》，借景传情，把自己准备去美国学习的困惑表露无遗。这首诗刊登在第 191 期的《清华周刊》上，至次年为止，《清华周刊》共刊登过 6 首闻一多的新诗，在周刊中占有超过 1∕3 的比例。此外，闻一多还尝试了多种风格进行新诗创作，可以想象，那时的他已能借助新诗游刃有余地表达真实情感，且能获取读者心灵上的赞同。

1920 年，就在闻一多《西岸》发表没多久后，清华校方开设了一门新课——美术史，讲授有关古典诗歌的内容。在这样的美术史课上，老师所讲解的用语，皆为古诗，甚至于像外交史这类的课程，老师也一样会不时地冒出几句古诗。授课至此，大抵是校方"以为正风"，将那传统无限保持，根植于学子心中。

如此，清华校园内频频传出朗诵古诗之声。然而，在时代步步向前的新文化时期，朗诵这些古诗显然不是什么"好事"，甚至有点要退回提倡新文化之前的时期了，时代不但不前进，还有了后退的迹象？

对于崇尚新文化，喜爱新诗的闻一多而言，这些诵读古诗的行为都是他看不惯的。他有着革新之思，所以认为诗体必须改革，这已是历史的必然。正因如此，他极力地排斥诵读古诗，可是，纵观清华校园，似乎仅有他一人在除旧，其他所有人均已忘却布新。

"告人此路不通行，可使脚力莫枉费"，这是劝告，但听者甚少。

闻一多对新诗并非一时之兴，他是用极其认真、严谨的态度面对的。新诗是一种既能精准抒发自己情感的渠道，又是除割一切老旧思想的利器。因此，即便遭到多人排斥，甚至于惹人白眼，使自己成了"异类"，他也坚守如一，不曾屈服。

写诗之于闻一多，是一件非常严肃的事，绝非随便为之，不到非写不可的时候是不会写的。他说："诗人胸中底感触，虽到发酵底时候，也不可轻易放出，必使他热度膨胀，自己爆发了，流火喷石，兴云致雨，如同火山一样——必须这样，才有惊心动魄的作品。"寥寥数字，便道出了写诗的精义、奥秘。

从古体诗到新体诗，形式的更变，也是闻一多内心变化的体现。如果只当闻一多是新体诗中的一位诗人，自然不能把他内心的炙热全部散发开来。他是热情激荡，满怀革新精神，是充满力量的。即使只为诗人，他也会用那直白文字铺叙寰宇之中最奔放的真理。他的骨子里有着文人少有的硬气、诗中透露出不俗的才华和睿智，他借助文字传递着自己生命的力量。

6. 奉命定终身

爱情，自古便是被世人称颂之物，亦是世人渴求之物。

闻一多性格刚硬，但这并不就表示他粗犷的情感之下没有细腻之处，也不能认为他对爱情没有向往之意。故而，对于一心报国的闻一多而言，爱情也一样如报国般值得倾注身心。

仿佛一簇白云，濛濛漠漠。
拥着一只素氅朱冠的仙鹤——
在方才淌进的月光里浸着，
那娉婷的模样就是她么？
我们都还没吐出一丝儿声响；
我刚才无心地碰着她的衣裳；
许多的秘密，便同奔川一样，
从这一摩触碰中不歇地冲洄来往。

爱情在闻一多眼里，就该有着如此美丽、梦幻的邂逅，并且以此为开端。可叹的是，希望之火还没来得及燃烧，就被现实的冷水匆匆浇灭。

1922年1月，闻一多第一次在很短的冬假里请假回家，奉父母之命，回乡完婚。

他的妻子叫高孝贞，是闻一多的姨表妹。他们的婚事是在闻一多考上清华的时候定的，那时的高孝贞只有9岁。

父母之命，媒妁之言，已成那时岁月里的必经之路。婚姻都是父母一手包办，闻、高两家也都认为这门婚事很好，如此，闻一多便与这个只在小时候见过一面的姨表妹订了婚。

闻家在当时比较开明，可对传宗接代这般大事，还是选择了旧时习俗。闻一多次年7月便要远洋求学，原本就对海外不甚了了的闻家，担心儿子此一去便心野了，怕是再也拴不住，故而一再坚持务必等完婚后再出国，一来可了孩子的终身大事，二来若是留下子嗣，也可让闻家香火不断。这般想来，闻家父母这一"逼婚"也可以理解了。

而对于闻一多来说，这场包办的婚姻可能只算是他尽孝道的方式。他懂父母的良苦用心，明白父母的担忧，所以他选择了顺从。对于这无爱的婚姻，他不满意，他不喜欢这种方式，他想要的爱情起始于美丽的邂逅，但生活终究不能像所有人想象中那样美好地发展。

没有人可以平静地面对爱情的不完美，更何况这份爱情与自己想象中的相去甚远，即便闻一多表现得平心静气，但他的内心一定面临着巨大创伤，他只能独自承受心灵上的疼痛，宣告理想爱情的破灭。他无法向他人倾诉心中的苦闷，只好借助诗歌来宣泄。

但生活对你偏是那样地凶残：

你看！又是一个新年！——好可怕的新年！——

张着牙戟齿锯的大嘴招呼你上前；

你退既不能，进又白白地往死嘴里攒！

高步远蹃的命运

从时间底没究竟的大道上踱过；

我们无足轻重的蚊子

糊里糊涂地忙来忙去，不知为什么，

忽地里就断送在他的脚跟底……

苦闷、烦躁、焦虑，他对眼前的一切似乎都感到厌恶，明知这样会让自己痛苦，却无能为力。不能后退，亦不能前进，可时间却一步步把自己推向深渊，只能如此亦步亦趋地撞向生活的大嘴，自此死路一条。他，不甘心。

爱情的不如意，对任何人而言都是不幸的，更何况是经过五四运动洗礼的闻一多。他有思想，他会思考，而这份婚姻带来的不幸，让他的内心情愫无处可宣。

闻一多这样的知识分子，早已接受了西方哲学的洗礼，接受了西方新思想的催发，他的精神已得到了改进和升华，但他同时还处在深受封建思想毒害的旧社会里。时代是在进步，但对他来说，还是有些缓慢。

春节过后，闻家开始准备婚事，上上下下张灯结彩，一派喜庆之色。闻一多虽点头成婚，可提出了三点要求：第一不祭祖，第二不对长辈行跪拜礼，第三不闹洞房。面对已受新思萌发的闻一多，闻家人也知道对此不必强求，于是欣然应允。

结婚当天，闻一多这位新郎一大早就捧着书出去了，家里人多次催促，他才懒散地回来准备。傍晚时分，新娘到了门前，他方才走出书房。

他不喜这桩婚事，但并不表示他嫌弃妻子。日后，他们彼此间的感情是极其深厚的，这个贤惠平凡的旧式女人，无怨无悔地陪伴了他风风雨雨的一生。

婚后，闻一多要求家里能让妻子高孝贞去上学，让她接受新式教育。婚后的生活平平淡淡，这婚姻也始终是他无法向外人诉说的伤痛。正如他曾写的那般：

> 他们削破了我的皮肉，
> 冒着险将伊的枝儿，
> 强蛮地插在我的茎上。
> 如今我虽带着瘿肿的疤痕，
> 却开出从来没开过的花儿了。
> 他们是怎样狠心的聪明啊！
> 但每回我瞟出看花的人们，
> 上下抛着眼珠儿，
> 打量着我的茎儿时。
> 我的脸就红了！

婚姻的不如意，让闻一多更加醉心于新诗的研究。虽然新诗自由，但他始终不满意新诗没有音韵这一点。当新诗越来越偏向西方化，他再次研究起了古诗。而这时，他兴奋地发现了律诗在新诗中运用的价值，这让还在蜜月期间的他更不愿意离开书房了。

其时，闻一多就在这连红喜字还未拆掉的新房里，翻阅了近

20 本参考资料，终于完成了《律诗底研究》，并找到了更加适合自己的创作风格。

回到清华后，闻一多绝口不提新婚之事，心里一直怀有闷气，终是不解。对以前的他来说，家是一个避风港湾，地位甚重，但此刻的"家"，却是他自由之思难以驰骋的阻隔，在给自己弟弟闻家驷的信中他写道："家是怎样地妨碍个人的发展啊"。

怀着这般低落无奈的情绪，闻一多登上了开往美国的轮船，那年，他 24 岁。

第二章　君子几多愁

1. 海轮飘思绪

哦！我这被单调的浪声

摇睡了的灵魂，

昏昏睡了这么久，

毕竟被你唤醒了哦，

灿烂的宝灯啊！

我在昏沉的梦中.

你将我唤醒了，

我才知道我已离了故乡，

贬斥在情爱底边徼之外——

飘簸在海涛上的一枚钓饵。

——节选闻一多《太平洋舟中见一明星》

1922 年 7 月 16 日，登上海轮前往美国的闻一多，心情极其复杂。离家的愁苦，他乡的新奇，这份思念中夹杂着对他国的向往，闻一多纠结万分。

是时，前往海外的利润丰厚，故此轮船公司对留洋学子格外照顾，而这艘海轮，也被轮船公司刻意精心装扮，豪华万分的"Key Stone State 号"，被闻一多称为"海上漂浮的六国饭店"。

要离开祖国了，要走了。他想着父母的辛劳，亲友的寄望，妻子的担心，送行时的嘱咐，离别时的眼泪，他明白了原来再怎么埋怨，心里还是想念家乡的。

看惯了长江的磅礴激荡，壮阔的大海让闻一多有些许向往。直到上船前，他还在脑海中幻想着大海的样貌：海，应该是宽广辽阔的，应该是平静安详的。海，应该大气、神秘、优雅。但是，海上的生活并不如闻一多所想的那般，海轮在海上行驶之状，也不如车子在陆地上那般平稳，尽管海面上并无太大风浪，可那摇摇晃晃的状态一直持续。闻一多体质本就不好，如此颠簸，又让他晕船了，身体愈发不适。只是，这不适之于感受海的别样，却又不值一提了。

无边无际的蔚蓝，徐徐的海风，咸咸的气息，一点一点把闻一多苦闷的心治愈了。"久入芝兰之室而不闻其香，久入鲍鱼之肆而不闻其臭"，嗅觉会疲劳，其余的感官也会疲劳，原本还在感慨大海的辽远广阔，此时已开始反感这不着边际的宽广；原本还在欣赏大海与天一体的蔚蓝，此时已经开始反感这单一的色调。那个还在憧憬大海，满怀雄心的自己，仿佛还是昨天的样子，原来这么快就腻了！

现实总不比理想丰满，怎么说也是留学远洋的学子，当初上船时的诗情雅兴慢慢退却后，所有人都开始寻找解闷的法子。

喧哗、吵闹，在"筒子"、"万子"的吆喝声之中，闻一多开始恍惚，他突然觉得，这并不是一艘开往理想彼岸的轮船，而是一座灯红酒绿的娱乐场所，每个人都在喧嚣嘈杂之中挥霍着光阴，虚度着年华。闻一多开始怀疑自己苦苦寻找的生命的意义到底是什么？它又在哪里？

第一次，他开始对彼岸的渴望持有怀疑态度，甚至发觉这与自己的所想大相径庭。或许，这一切烦闷只因身边没有一个可以贴心交谈之人，因此才让他变得不那么自信，继而疑窦丛生。

这般想着，孤单便开始侵占闻一多的内心，无端的落寞感包围着他，他觉得自己就像是一只离群的大雁，形单影只。

> 不幸的失群的孤客！
> 谁教你抛弃了旧侣，
> 拆散了阵字，
> 流落到这水国底绝塞，
> 拼着寸磔的愁肠，
> 泣诉那无边的酸楚？

他的酸楚，他的哀思，好像只能通过这诗歌来排解，只能借着笔尖在纸上的书写才能让那因在海上航行所导致的困顿之心得到舒缓。

> 可怜的孤魂啊！
> 更不须向天回首了。
> 天是一个无涯的秘密，
> 一幅蓝色的谜语，
> 太难了，不是你能猜破的。

也不须向海低头了。

这辱骂高天的恶汉，

他的咸卤的唾沫

不要渍湿了你的翅膀，

粘滞了你的行程！

不低头，绝不低头！闻一多带着诗人独有的执着，倔强地不堕入那些迷失自己的人群当中。然而，恰恰是他作为诗人特有的细腻，让他稍稍被舒缓的苦闷又覆盖了一层阴霾，他在想念祖国，想念那个遍体鳞伤的祖国。

海风催促着海浪，拍打着船身，这同时使得闻一多的思绪在脑海中翻腾。诗人细腻敏感的情感，像一根根纤细的银针，刺激着自己变得脆弱的大脑。

那段日子的郁闷，让时间也变得异常无聊，虽然自己无所事事，但祖国离自己越来越远。思乡心切加上海上的枯燥，让闻一多变得沉默，面对"神户布引瀑布"这般美景，他也无心欣赏。

好在轮船在日本停留几天，这让沉闷多日的闻一多露出了难得的笑容。

他与同行之人一起参观了这岛国。精致的建筑，华美的服饰，不胜枚举的自然风光，都让闻一多感到新鲜。难得上陆地，平稳踏实之感让他倍感舒心。

那几天，正逢和平博览会，闻一多喜欢绘画，自然要去欣赏一下这个国家的艺术。只可惜时间仓促，不能细细观赏，暗自计划着要再来一次，以遂心中之愿。不想，这次到日本，却成他最后一次，他也不会想到，就是这个当初给他留下诸般美好印象的岛国，在几年之后，会对中国造成极大的灾难。

闻一多在日本的短暂时日，最开心的事莫过于认识了井上思外雄。当时，井上思外雄是帝国大学二年级的学生，攻读英国文学，他与闻一多一见如故。井上曾希望能把闻一多的诗翻译成日文，然后发表，让更多人欣赏到他的作品。为了能与这位远道而来并不多做停留的好友有更多的时间交谈，他甚至特地坐上了闻一多的船，一直到闻一多不得不离开时，他才依依不舍地下船。

船又开始行驶了，海浪声不绝于耳，仿佛这个世界都不再有其他声音了。闻一多再次回到落寞的状态，数着单调的每一天，开始期待下一次登岸。

同年 8 月 1 日，"Key Stone State 号"海轮在西雅图靠岸，闻一多终于站在了美国大地上。

西雅图，是第一站，例行检查后，大家拍了张合影就各奔东西了。闻一多跟着同行的人南下去了旧金山，再转车向东前进。车道两旁是松树林，山势此起彼伏，连绵的绿色给他留下了深刻的印象。

广阔、活力，这应该是闻一多初到美国时的感受。8 月 7 日，闻一多来到了目的地——芝加哥，开始了他海外求学的日子。

彼时，他的内心由最初的彷徨向明朗过渡，他知道，未来的自己有着更广博的世界。在那里，他可以撒欢、可以大笑、可以肆无忌惮、可以随心所欲。只是，这份尚居于未来的现实，需要越过一道道岭方可实现。

2. 异国游学愁

对于留洋，看似风光，实则凄惨孤寂。那时的闻一多，仅仅以为异国之异状必能掀起壮阔之心，尚不知一切美梦的背后，都裹挟着难以承受的痛楚。

身在异乡，面临的最大的问题自然是周遭的环境。人生地不熟，无依无靠，无人谈心，那种无助感令他极其压抑。周围人的对话他不懂，上课的内容他也不明白，即便学过英语，可那种带着"家乡味"的语言，又与纯正的异国之语有差距。这一切，都需要适应，需要习惯，而且绝非一朝一夕。

闻一多在语言上感受到的苦闷，并不亚于被家人"逼婚"产生的心里情愫，更何况英语一直是他的弱项，这徒生的自卑感，更加重了他孤独离群的心思。

幸好，还有吴景超、顾毓琇、梁实秋等旧时好友，郁闷烦躁之时，他便会与这些好友通信，在信中，他自称是"一个孤苦伶仃的东方老憨"。那段岁月里的闻一多，仿佛是笼罩在黑夜中的一个无助的孩子，郁结难舒。为了舒缓，他常常写信给好友们，他曾经在信中这么写道："我想你读完这两首诗（一首是《太阳吟》，还有一首是《晴朗》），当不致误会以为我想的是狭义的家，不是！我所想的是中国的山川，中国的草木，中国的鸟兽，中国的屋宇，中国的人。"

他想念中国，想念中国的一切。好在国内的友人亦会时不时将国内发生的一切悉数告知，鼓励他要向前看，这才让他在异国冷冰冰的环境中感受到了一点温暖。

闻一多所在的芝加哥，系美国第二大城市，因铁路不断向西延伸，逐渐成为美国最重要的交通中心，这也为这座城市的工业经济带来了新的力量。而迅速增长的经济，更让芝加哥的地位越发重要起来。

尔时的中国，与芝加哥相比，有天壤之别。电车、火车、汽车，在芝加哥随处可见，那一座座、成片的巨大而高耸的烟囱，正吐露着彰显国力的黑色烟雾。芝加哥是热闹的，机器的轰鸣声、汽车的喇叭声、火车的鸣笛声不绝于耳，这里有富丽堂皇的美术馆——藏品丰富并免费开放，悦耳的交响乐，高品质的电影……但这一切，却不曾让闻一多侧耳，更改变不了他的厌恶心情。

走在大街上，看不见熟悉的面孔，听不见热情的招呼，没有了亲切的气息，有的只是满大街冷漠的白肤蓝眼，他们骄傲自负，目中无人。这里是美国人的土地，他们就像是盘旋于空中的凶猛苍鹰，无情地撕裂着自然原本的模样，而后在伤痕累累的自然之境上构建自己的巢穴。

或许，这在闻一多的心里，是一块不忍被揭的伤疤。这时，闻一多改弦易辙，他希望把全部精力抽离绘画而转向诗文，毕竟他在这方面的造诣远胜绘画。究其因由，大抵是他渴望那诗文会唤起一个国度里，有志之士的开明之思，以便借由这种情愫生出寻路之力量。

就这样，闻一多于学校开学之前，就把具有浓浓爱国情怀的韩愈、陆游的诗当成自己的专攻对象，即便他的专业仍是绘画。

当时，闻一多就读的芝加哥美术学院，是美国最具盛名的美术学院之一。9月25日，学院开学，从这天起，闻一多正式开始接受系统的西方美术教育了。

美国的各个大学，对清华学历是予以承认的，学生毕业之后，可直接从各个大学的二年级或三年级开始上，但美术专业是个例外，只能从一年级开始。闻一多对此倒并不在意，更不关心学历，只在乎能学到多少真本事。

第一个学期，有7门功课，这对闻一多来说都是些简单科目，开学才两个星期，他的成绩便名列前茅。他觉得，第一学期的课程十分浅显，可称为基础，不过他也未曾掉以轻心，加之老师的教授方式异于国内，故而他学得格外认真，众多教授对其连连夸赞。截止到寒假前夕，闻一多除了人体写生只得了"上等"之外，其余全部课程均为"超等"。

第二个学期开始，课业比较繁重，闻一多乐此不疲，学习态度也愈发认真。1923 年 2 月，他在家信中写道："现在的分数是清一色的超了。"

坐落于芝加哥艺术学院旁边的，是著名的芝加哥美术馆，馆内不仅有众多西方的雕刻、绘画、雕塑，亦藏着诸多东方艺术作品。说来奇怪，在西方学习艺术的闻一多，眼见这些东方作品时，兴趣更浓，似乎身在国内时还未看透一般，这大概是独在异乡的他，由于对祖国思念，所以也只能通过欣赏这些东方艺术品来纾解。

求学的生活并不轻松，却十分充实。为了不被寂寞吞噬，闻一多情愿跑到离学校 40 公里之外的芝加哥大学与刘聪强、钱宗堡挤在一起，也不愿独处。每天早上 8 点，他便出门坐火车前往学校，下午 4 点再坐火车回公寓，花费在路上的时间就有一个半小时，可他从不抱怨。

闻一多不是安于享受之人，吃得也比较随意。他从生活费中扣除1/10作为《红烛》的出版费，其余的则用来支付平时的面包、罐头鱼等伙食及一些日常开销。虽然辛苦，可他也很满足，他把全部精力皆用在了自己喜欢的文学上。

异国拼搏，集聚能量，待到可爆发之时，自是一泻千里。

1923 年 6 月，闻一多完成了自己第一年的学业，因成绩优异获得了最优等名誉奖，这在芝加哥大学是一种很高的荣誉。获此殊荣者，皆可被学校送到欧洲留学深造。闻一多得此嘉奖，令旁人羡慕万分，可他却不在乎这些虚名，甚至表现得更加平静，亦未在家信中提及。

对视野亟待拓宽的闻一多来说，有去欧洲观摩学习的机会，自是十分难得，其内心同样向往。随即，他便向校方咨询有关留学的事项。可出乎意料的是，校方告知他，只有美国人才有深造的机会。闻一多闻听，气愤至极。

歧视，是闻一多最不能容忍的。

他是芝加哥大学最优秀的学生，他用最好的成绩证明了自己，却得不到应有的平等待遇。愤怒充斥于他的胸腔，他不因无法去欧洲深造震怒，只为得不到公平的对待。可事已至此，他亦束手无策，此事于他心中，投下了极重的暗影。

在美国，闻一多其实也遇到不少喜欢中国的人，且与他们相处融洽，只是，与他们的友善相处，抵不过他对这个国家的看法，他在家信中写道："但是讲来讲去我不喜欢美国。"他认为，美国人缺少中国人乐于思考的态度，虽然别人认为美国好极了，而美国也的确有其优势之处，然不好的地方未必就比中国少。

他说："一个有思想之中国青年留居美国之滋味，非笔墨所能形容……我乃有国之民，我有五千年之历史与文化，我有何不若彼美人者？……彼之贱视吾国人者一言难尽。"

美国与中国的文化差异，美国人的冷嘲热讽，这些无不让在外留学的闻一多感到痛苦，时而亦生彷徨，这也是交了些美国好友的他，仍然会说出"中日之亲善以抗彼美人，不言中美亲善以御日也"此等话的原因。

泱泱大国的远求诗人，身处一个狂妄自大的民族之中，那般左右为难的矛盾之感有些可叹。闻一多的内心注满了寄人篱下的离索之苦，他想着家，想着中国，想着与己相关的一切。

3. 诗文会贤友

不同的时代，总会赋予人们不同的精神。当一连串的复兴文化延绵之时，那些心底藏着能量的人，即会借由这份精神，凸显出别样的光彩。是时，闻一多便有幸沾染了那份迥然之光。

美国的建国时间并不长，在英国的影响之下，美国的新诗运动亦方兴未艾。闻一多是幸运的，因为他是在芝加哥文艺复兴运动——美国新诗运动巅峰时期抵达芝加哥的。当然，那段时期，芝加哥文艺复兴运动已入尾声，可仍显出一片勃勃生机。马斯特斯、德莱塞、桑德堡、安德森等著名的诗人，皆于此时期大放异彩。

芝加哥文艺复兴运动，对闻一多的诗歌攀顶有着极大的影响。从某种角度上说，依旧热爱文学的闻一多，处于这种环境当中，其诗歌创作自会如沐春风。

对任何人而言，能与一个跟自己志趣相投的人成为朋友，都是一件平生难得之事，闻一多也不例外。他抵达美国后的第二个月，遇见了浦西夫人。

闻一多与浦西夫人的结识并不是因为诗，而是结缘于中国的艺术品。浦西夫人喜爱中国艺术，家中藏有大量中国古代画卷以及陶瓷作品，为了要鉴别这些艺术品的年份，她便请来了闻一多。

那时的浦西夫人对诗歌的兴趣并不浓郁，但她依旧与当时美国文艺界名流保持着联系。闲暇之余，她与闻一多交谈，发现新诗之于闻一多，是一股奇异的力量。她当即写了两封介绍信，给当时美国新诗运动中最负盛名的两位诗人：卡尔·桑德堡和

Harriet Monroe（译名：哈莱特·蒙罗）。

桑德堡的《烟与钢》，歌颂了勤劳的劳动人民，其诗文深受下层劳动人民的拥戴；而蒙罗，则系当时美国最具权威、最有名望的杂志《诗》的主编。在这样一个机缘巧合之下，闻一多与他们结识，真是天赐良机。那段岁月，闻一多所著诗歌，皆在此二人的影响下告竣。

彼时，对新诗极为酷爱的闻一多，经由浦西夫人的举荐，活跃于美国诗人的社交界。

1922年，在一次聚会当中，闻一多认识了著名诗人海德夫人。他拿出了自己在8月份创作的几首诗，包括《火柴》《玄思》等，希望得到海德夫人的指点。这些诗在桑德堡、蒙罗等人的影响下，风格与往常大不相同，在思想上，比以往的诗更加深奥，不再如早年那般浅显，所以他将这些诗歌翻译成英文。待送到海德夫人的手上时，闻一多既兴奋又紧张。

海德夫人曾是《诗》的编辑，她本人发表过两部诗集，曾去过中国，对中国文化有一定了解。她拿到闻一多递来的诗，细细斟酌，阅读之后，她觉得《玄思》非常不错，同时更觉《火柴》独具特色。她鼓励闻一多，希望他能多加创作，并将《玄思》《火柴》拿回去进行仔细推敲，之后便会交给蒙罗先生，让他在《诗》上发表。

海德夫人此举让闻一多受宠若惊，这也是对他诗歌创作的极大肯定。

不久，闻一多又应浦西夫人之邀，与艾米·洛威尔共进晚餐。洛威尔是美国新诗中意象派的领导人物，她的作品充满着活力，给人希望，让人热血沸腾。她与海德夫人一样，特别喜爱中国古典文学，曾与人一同合作翻译了一本中国诗集，取名为《松花笺》，这在中国文学尚处于一个常被人贬低的环境当中，实在难得，更何况对方还是一位美国一流诗人。这让闻一多对洛威尔肃然起敬。

进餐期间，大家相谈甚欢。闻一多只是个无名小辈，与洛威尔接触亦不多，但这次会面，却激起了闻一多对这位热爱中国古典文学的大诗人的浓厚兴趣。

1925年，洛威尔病逝，闻一多怀着沉重的心情提笔写下了《美国著名女诗人洛威尔逝世》，其中介绍了洛威尔的生平事迹与主要成就。

强者自立，以内心初衷让梦想得以实现和圆满。闻一多在与美国诗人结交之时，也大量阅读了他们的作品。芝加哥的生活让闻一多更多地接触到了西方文学，这加深了他对西方文学的理解，开阔了眼界。

当然，闻一多绝非盲目的爱国主义者，对于外来文化，他并不全盘否定，而是用审视的眼光看待一切，并勇于接受新鲜文化，取其精华后将糟粕去除。他在不同时期创作的诗歌，皆具不同风格，这并不意味着他没能找到适合自己的风格，他只是在不断尝试，用不同的文化相溶于中国文化，在这般交融中，以升华和发展中国文化。

秋天的芝加哥是色彩缤纷的，金黄的阳光透过墨绿的枝丫，散落一地温暖，树下棕色的松鼠，捧着掉落在地上的松果，迅速攀上树梢，在高高低低的树丛间频繁跳跃。在如此色彩斑斓的美丽季节，闻一多认识了他最好的异国友人——温特先生。

温特系芝加哥大学法文副教授，同样热爱诗歌。年轻时，他也写过一些浪漫主义诗歌，翻译过一些外文诗。当温特得知闻一多在写诗上颇有造诣时，便主动与之接触，希望他能翻译一些中国古诗。经过接触，两人慢慢熟络起来。

爱诗之人聚首，内心自是澎湃的，他们在一起总有很多话题可聊，经常聊至深夜。甚至，很多时候，闻一多起身去另一个房间里拿衣服、送行时在门槛上、就连楼梯间，也都成了他们畅所欲言之所，直到闻一多实在困得睁不开眼睛了，两人方才不舍地互道晚安。

在闻一多眼中，温特是一个具有"中国热"的美国人。温特家有一个中国大铁磬，甚是喜爱，每每失眠之时，他便抱着这铁磬在床边敲打。他不会作画，但自己却画了一幅孔子像挂在家中，闻一多第一次来时，便被拉着去看。闻一多从未见过像他这般痴迷之人。

温特有欧洲血统，但并不歧视黑人，相反，他极其同情黑人的遭遇，为此，不止一次地与校方发生矛盾。而且他特别希望能去中国任教。闻一多得知他的这一想法后，便与另一位同在芝加哥留学的、就读法文专业的清华校友张景钺，一起写信给当时的清华校长曹云祥，推荐温特去清华大学教授法文。

后来，温特终于如愿抵达中国，在南京东南大学教书，至1925年时，转至清华任教。闻一多回国后，两人还一直保持着联系。

异国的生活自是孤寂，可因有了同路者的照应，一切也已不再那般艰难。彼时，闻一多于新诗上有了更深的体味，他也能游刃有余地借助诗文传递内心所思、所想，这对于他日跻身国内诗文"神坛"，做了最厚实的铺陈。

4. 诗心燃《红烛》

纷纭的局势，混乱的岁月，迷茫的前路，生活的艰苦，依旧未曾令闻一多对诗的挚爱有所消殒。他凭借惊人的毅力和自身的绝世才华，留下无数佳作鸿篇。

还在国内时，闻一多就将写好的《〈冬夜〉评论》寄给了孙伏园，原本希望他能够看中，而后刊登在由他主编的《晨报副刊》之上。岂料，一去再无消息，连原稿都没有退回来。那时，闻一多已身在国外，自不能叫人再次寄送。幸而，原稿没了，底稿还在，真是令人欣慰。

闻一多的好友梁实秋当时尚在国内，于是他又写了一篇《〈草儿〉评论》，评论康白情的《草儿》，此为康白情出版不久的新诗集。如此，闻一多此前的《〈冬夜〉评论》，与其时的《〈草儿〉评论》一起，合成为《〈冬夜〉〈草儿〉评论》，由梁实秋的父亲出资，终而于1922年11月出版了。

闻一多不知，自己的举动，其实是对当时才起步的新诗公然的挑战，自然而然地，他遭到了那些激进分子的反对。对于诗人而言，舆论的压力自是不小，若非心理承受力强些，走上绝路亦非难事。

不过，当时远在日本的郭沫若，对此却大为赞赏，他在信中写道："如在沉黑的夜里得见两颗明星，如在蒸热的炎天得饮两杯清水"、"在海外得读两君评论，如逃荒者得闻人足音之跫然"。郭沫若的盛赞，让闻一多倍受鼓舞。是年年底，他在家信中写道："总之假若全国人都反对我，只要郭沫若赞成我，我就心满意足了。"闻一多之喜悦，可想而知。

　　有人"撑腰"了，闻一多的胆子也大了起来。10月初，他便着手写郭沫若新作——《女神》的评论了，两个月后，评论完成，次年以《女神之地方色彩》《女神之时代精神》为名，发表在《创造周刊》上。

　　闻一多在其评论文章的开篇，就对郭沫若做了很高的评价。在他眼中，唯郭沫若的诗才配得上新诗的称号，才是新诗的模板。因其诗无论从形式上，还是从精神上，相较于旧诗，皆有非凡之处，是旧诗所不能比拟的。

　　频频评论新诗，也让闻一多对新诗的理解层面愈发拔高。他以中国古典文学为基础，适当地从外国诗歌的精华之中吸收养分，再用于新诗的创作，并赋予新诗强烈的时代感。如此"中西合璧"之难事，闻一多不仅做到了，而且做得很好。

　　1923 年 1 月，闻一多迎来了在哥伦比亚艺术学院的第二学期。在这一年中，他与郭沫若有了更为实质性的交流。

　　在《女神》的评论发表之后，闻一多又为郭沫若翻译的诗歌——《莪默伽亚漠之绝句》写了评论。在评论中，他没有一味地夸赞郭沫若的才情，而是适时地点出了他在翻译过程中造成的"差误"。4 月 15 日，郭沫若写了一封信，感谢闻一多对他的肯定及中肯的指教。

　　指教他人，即是自己获教。闻一多在对《女神》进行评论之时，《红烛》已有"夜雨之什"、"孤雁之什"、"宇宙之什"、"李白之死"4 个部分，总共 55 首诗。

　　彼时，《女神》的评论寄回国内不久，闻一多的学校便开始了寒假。

　　12 月 20 日，闻一多突然情思大盛，连续 5 个昼夜写了 50 首诗，经过删减，将最后留下的 42 首编为"红豆之什"。这是闻一多一生当中难得的一组爱情诗。此后，他又再三斟酌，最终决定选用 103 首作为《红烛》的内容，分为《序诗》《李白篇》《夜雨篇》《青春篇》《孤雁篇》《红豆篇》。

26 日，闻一多将《红烛》寄回国内，交由梁实秋负责整理出版。其时，正值圣诞夜，美国民众皆沉浸于圣诞夜的欢乐之中，而闻一多也满怀期待，等待着《红烛》的出版。

《红烛》的出版，梁实秋功不可没，他为此大费周章。他本人人脉有限，无奈之下，他想到了郭沫若。

此前，郭沫若早已看过《〈冬夜〉〈草儿〉评论》，当时的他对闻、梁二人十分欣赏，故而对梁实秋的请求自是鼎力相助。很快，郭沫若便向上海泰东图书局推荐了《红烛》。

1923 年 9 月，《红烛》正式出版，白底蓝边，封面上方横着写着两个粗重的"红烛"。关于署名，闻一多本想用清华时自己起的别号"屠龙居士"，可最终还是以本名出版。

作为一名学艺术的学生，闻一多自然希望自己亲手设计一幅图画作为封面，但修改多次，仍找不出满意的来，且他觉得，"画出的图案定免不了是西洋式的"，而他本人不希望自己的诗集带有太浓重的西洋味。再三权衡之下，还是决定朴素一些。

《红烛》可谓篇篇精华，最引人注意的，还是闻一多在海外创作的思想部分——《孤雁篇》。"天涯涕泪一身遥"，彼此天涯海角，只留我一人于此，好不凄凉悲怆！

《孤雁篇》开篇就引用杜甫的这首诗，极好地诠释了《孤雁篇》。一只离群的孤雁，孤苦伶仃，孑然一身，即便如此，仍要奔向那"决塞"的"水国"。烟波浩渺、电闪雷鸣，伴它一路，而彼岸又不似想象之中那般安宁，它在犹豫，它在迷惘，是选择继续，抑或是回头？

前进，面对的是凶险万分的目的地；回头，也许是风平浪静的和谐之地。但是，希望总是在前方，它最终选择义无反顾地前进。

海外游子，最易思乡，更不必说像闻一多如此爱国之人。《忆菊》，就是表达爱国情怀的诗：

啊！自然美底总收成啊！

我们祖国之秋底杰作啊！

啊！东方底花，骚人逸士底花呀！

那东方底诗魂陶元亮

不是你的灵魂底化身罢？

那祖国底登高饮酒的重九

不又是你诞生底吉辰吗？

此诗作于重阳前夕，那天闻一多又刚好生病，原本思乡心切，在此种境况之下，思念愈发浓烈。看见公园里满地枯叶，阳光透过树梢洒下满地斑驳，心中不由得升起了几多愁绪。《忆菊》，便是在如此无可言说的悲情之下流泻而出的。它表达的不仅仅是对菊花的歌咏，更是从菊花延伸至国家，从思花爱花，升华至思国爱国。

远在重洋之外，心系国内文学变化，爱国之心令闻一多不忍放弃文学创作。就如那"红烛"一般，小小火焰，却可燎原。

这当中，无人可知其创作艰辛，若以为闻一多写诗轻松如意，那便大错特错。于他而言，无病呻吟之诗最令人生厌，不到必须创作万不能提笔。异国之旅，毕竟给予他太多愁苦和思念，他只能借助创作来表达。而他的创作，也并非只为排遣己欲，其意在唤醒国之长眠众人。

第三章　赤子中国心

1. 渐变始科泉

1923 年 9 月，听闻梁实秋即将赴美学习，原打算前往波士顿的闻一多当即改变了计划。尚在暑假中的他看着好友从科罗拉多温泉（科泉）寄来的信与明信片，那优美的自然风光里，混合着深厚的友谊，他马上决定前往科泉，与好友相见。

于是，闻一多急匆匆打点好行装，捏着好友的来信，怀揣着对好友的思念，坐上了开往科罗拉多的列车。

一年多未见，竟会重逢于海外，两颗真挚的心紧紧靠在一起，激动尚不足以表达那时复杂的心情。

科罗拉多，为落基山区的一座小城，其州名在西班牙语中意为"红色的"。风景如画的小城，与芝加哥那因工业而被污染的破烂不堪迥异，这里四季如春，温暖的微风拂煦着被芝加哥脏乱的空气所污染的心，闭目深吸，闻一多内心的烦乱刹那间便被涤荡。这里，不仅空气新鲜，亦能与好友朝夕共处，一同沐浴着和煦之光，畅谈文学，真乃人生乐事。

科罗拉多乃一隅之地，大学自是很小，学生总共才几百名，中国留学生仅9名。那时，中国人在美国会受歧视，为此，这9名中国学子，便自己成立了俱乐部，鲜与外界接触。

闻一多本就不爱与美国学生交流，加入俱乐部后，也乐得安逸。环境舒适，友人和睦，与外人交流甚少，在这般条件下，他早就将在芝加哥时的压抑之情予以释放。自来此之后，他终日笑容满面，心情愉悦自不必说。

只是，初到此地之际，他租住了一间房子，这让他感觉与房东及其他房客一同进餐时，心情甚是沉闷。为了排解抑郁之情，也为了多省些钱，他与梁实秋搬进海格门大学的学生宿舍。

海格门的学生宿舍是老旧的红石楼房，因为破旧，房租也便宜。两人在这买了个电气炉子，笨手笨脚地做着菜，味道虽不怎么样，却能做出家乡风味。闻一多尝到久违的中国菜时，兴奋极了。

两个男人，生活简单，趣味却不少。酒精炉煮水，有时还会在其中放几个鸡蛋。闻一多生活较为随性，好在梁实秋善于打理，但毕竟两人都是男性，生活也很粗糙。曾有一次因为大意，闻一多打翻了炉子，慌忙整理，不慎烧焦了头发，两人相对，不禁大笑起来。

那段岁月，日子虽简陋，可内心之诗文之情仍旧饱满，闻一多曾写下一首诗——《闻一多先生的书桌》，文笔轻松幽默，是他匆忙一生中难得的一次自在欢笑。

桌面，被诗人弄得狼狈不堪，桌上那些平常之物，在这"不太和谐"的小世界中，互相指责推脱。闻一多带着一种优雅的轻松自嘲着——"一切的众生应该各安其位。我何曾有意的糟蹋你们，秩序不在我的能力之内。"当自我超脱物外，凌驾于万物之上，这份幽默才从他心中产生。而日后，只叹闻一多深陷于水深火热的祖国现实之中时，于黑暗的社会笼罩之下，在这麻木的人世间迷失了幽默。

诗文之情虽盛，可闻一多也只是创作了《闻一多先生的书桌》这一首诗而已，他把更多精力放在了对艺术的钻研上。

由于先前的沟通，梁实秋进入了学校英语系，就读四年级。而闻一多是临时提交的入学申请，只能作为艺术特别生入读。若想转正也并非难事，只要补修有关数学方面的两门功课便可，但闻一多对数字方面的掌握能力，远不及对文字的掌握，只能就此作罢。

闻一多很有骨气，他说情愿不要学位，也不愿浪费时间于自己不爱之事上。这个不难理解，因他本身便不喜名衔称号这类虚名。

较之名声，闻一多更愿意把劲头用在获取自身收益上，他对艺术一直虚心求教，日子过得愉快，他自然更愿意于艺术上用尽心力。

科罗拉多是一座小城，环境优美，教育上却比不了芝加哥这样的工业大城。绘图实践方面，更比前者薄弱了许多，考虑再三，闻一多决定多学理论方面的知识，美术史、美术原理便首先进入了他研究的范围。

闻一多在芝加哥便学过绘画，绘图实践也不少，基础底子仍在，这让他很快便名列前茅。

他的绘画天赋以及诗人特有的敏感度，使他对于线条、色彩有极为精准的把握，而由此取得的成绩，更让他迷上了油画。

闻一多绘画偏爱丰富的色彩。加之诗人的无拘无束，让他越发地欣赏印象派及野兽派的画风，那段时期，印象派的德加、莫奈，野兽派的德朗、马蒂斯，都是他模仿的对象。

闻一多是个对自己喜欢之事能亲力亲为，且刻苦钻研之人，对于绘画，自打深究时起，外界的一切事物在他心中都变淡了。他的头发常因为绘图而忘记打理，他把自己完全放逐于颜料、色彩之中，总穿一件"色彩斑斓"的画室罩衫，邋遢的样子，看起来倒多了几分画家之态。

在科罗拉多，与闻一多接触最多的，是他的老师——利明斯姐妹。他是画室里唯一的中国人，加之本人刻苦，浑身散发着天才般的气息，这种状态自然备受老师关注。两位老师常常觉得，闻一多是她们学生当中最有前途的。于是在第二学期，她们鼓励闻一多参加纽约举办的画展。画展一年举行一次，参赛人数众多，评选也格外严格。除了两位老师，梁实秋也认为闻一多可行，便积极鼓励他。很快，闻一多开始着手准备参赛作品。

在随后的一个多月时间里，闻一多常将自己反锁在房间内，竭尽全力。色彩、构图、立意，这一切使得他宛若诗兴大发一般。由于他一门心思埋在其中，常常忘了吃饭，梁实秋在门外喊他时，他也充耳不闻，真正与世隔绝了。

闻一多虽格外努力，但最后的成绩却不尽人意，十几幅画参赛，只有一幅获奖，却也只是银奖。心高气傲的闻一多，对这样的结果心灰意冷。

"祸兮福之所倚，福兮祸之所伏。"这次打击确实让闻一多在绘画上信心大失，也正因如此，他最后才完全将自己置于文学之路，这才有了他后来的旷世成就。

2. 成立大江会

面对残败的中国，爱国青年渴望奋起，改变不堪之面貌。海外学子亦是如此，费尽心力，只求变更，即便不能革新，也希望能使之转变。

1924 年，闻一多从科罗拉多毕业，依然没有学士学位。

毕业之后，梁实秋决定前往哈佛大学攻读硕士学位，而闻一多则准备去纽约艺术学院。两人相约一同前往芝加哥，参加"大江会"部分成员的聚会。

"大江会"的前身是几个通信团体，在 1923 年年初时由 1921级、1922 级的清华留学生所创立。创立之初，该通信团体并未有明确的政治色彩，只是为了在萎靡散漫的留学生中增加一点原有的清华精神，同时，给无趣的生活增点新鲜的色彩罢了。

此团体的成员，皆受过五四运动洗礼，都是先进分子，还未出国前，对国家大事即十分上心，且其中多数学生都参加了"六三运动"的罢课活动。

是时，因经历相同，想法相似，在散漫的留学生中也难得相处愉快，故而彼此之间频繁地联系，最终大家一致觉得，建立一个团体，以便共同面对某些同感的问题。

闻一多初到美国之时，见留学生不是与女友亲密闲逛、嘻嘻哈哈，就是因嫉妒而在一旁碎碎念着，聊以解嘲，更有一些志向稍微远大的，也不过略有提及一些严肃正经之事，举凡此时，皆面带愁容，唉声叹气。面对这一众了无生气的同伴，闻一多甚是反感，想要改变这种现象之心情亦愈发强烈了。

1923 年 5 月 6 日时，芝加哥的爱国青年组织留学生召开"国耻纪念会"，但到会者寥寥无几，看着冷清的与会之人，闻一多倍感心寒。

同年6月，罗隆基、吴泽霖赶来芝加哥，与同在此地的闻一多、刘聪强、钱宗堡会面，这些原本的五四领导者，见面之后自是激烈讨论，一番热议之后，当即决定成立一个以清华学生为主的"大江会"。

而后，借着一年一度的夏令营之机，他们找到了几个志同道合者，随即组成了"大江会"。该组织"本自强不息的精神，持诚恳忠实的态度，取积极协作的方法，以谋国家的改造。"参与者皆是风华正茂的热血青年，他们都意识到，要想改变国家命运，光靠艺术救国远远不够，务必事必躬亲，唯有如此，方有一线之机。

在国外，留学生平素生活处处都被异国之人歧视。毕业典礼上，没有人愿意与中国学生一同上台领奖；理发师拒绝为中国人服务；交警不问青红皂白，强行惩罚中国学生；杂志报纸之上，公开刊登侮辱中国人的言论……凡此种种，都源于中国的落后，而落后便会挨打。

个体的先进，是改变不了中国在世界上被人歧视的地位的。个人荣誉，与祖国之地位息息相关，密不可分。

彼时，民族的破败让闻一多感到窒息，他要呐喊，他要改变，他要让世人知道中国的强大，让那些自以为是的异国人明白，中国是个不容小觑的国度！

此刻的国内，曹锟贿赂选民妄想成为总统，这件事让民众深刻认识到北洋政府的昏庸及腐败，而临城的劫车案竟被帝国主义利用，无端夸大，大肆宣传，他们意图以此为借口，达到他们共管中国铁路交通的目的。其后，国民党在南方召开"一大"，会议上通过了"联俄"、"联共"、"扶助农工"三大政策。

这一系列事件,让大江会的成员们极为愤慨。他们已知,务必打破封建统治,务必抗击帝国主义!随即,一泓报国热情,就在这愤怒之中爆发了!

闻一多等人都认识到大江会改组的重要性及必要性,不能只对这些事件置之以关心的态度,此组织应有政治色彩。他们要参与其中,只有参与其中,才能使问题得到实质性的解决。

可面对此景,如何才能救国呢?大江会的成员们开始将目光转向海外,研究其他国家兴亡的经验,希望从中找到救国良方。就在此时,土耳其共和国诞生了。

第一次世界大战之后,英、法、德等列强占领了土耳其,经过革命,土耳其摆脱了他们的殖民统治,并推翻了穆罕默德六世的封建统治,这委实让渴望救国的中国志士看到了希望。他们认为,土耳其的成功,源自"国家主义"在国内的提倡、宣传。转而,为了能更深层次地研究讨论,大江会成员组织了一次芝加哥会议。

这次会议,是在芝加哥大学附近的一家老旧旅馆中进行的。前来参加会议的有罗隆基、吴景超、吴文藻、何浩若等,十余人激烈地讨论之下,达成了几点共识:

第一,鉴于当时国家的危急的处境,不愿侈谈世界大同或国际主义的崇高理想,而宜积极提倡国家主义。

第二,鉴于国内军阀之专横恣肆,应厉行自由民主之体制,拥护人权。

第三,鉴于国内经济落后人民贫困,主张由国家倡导从农业社会进而为工业社会,反对以阶级斗争为出发点的共产主义。

这是年轻的中国救国志士第一次政治尝试，然而，即便他们激情昂扬，准备认真，精神可嘉，但年轻的他们思想上终究不够成熟，认识上也有所偏差，可这已是一种巨大进步。

那时，闻一多对政治所知甚少，但作为一个诗人，他有敏感的神经，丰富的情感。他为国内腐败的政治愤慨，亦为国外异国人的歧视痛心，更为国人的麻木悲哀。眼前的这个团体里的成员所表现出的积极态度，似乎让他看到了某种希望，看到了正等待中国的一条新出路，这即是他当初参加这个团体的原因。

起先，闻一多关心的并非政治问题，后来，他在与像罗隆基这样关心政治的人的接触中，慢慢对中国局势有了了解，当众人的议论之声越来越强烈之时，他对团体的热情以及所关注的政治也越发感兴趣，很快，他成为该组织坚定的拥护者。

闻一多首次参与此类政治性组织，也体现出了其在为中国寻找新道路上所迈出的重要一步。大江会的宣言、纲领，并非闻一多草拟，是其回国内之时才见的。不过，对于那些观念，他的内心即与之统一，故而他才大力宣传。

大江会并非当时唯一的政治性组织，此期间，波士顿的一些清华学子们也开展了同类型的聚会，但不少人最后都加入了大江会。

芝加哥会议结束之后，闻一多便与梁实秋分别了。他将去往纽约，将独自面对新的生活。

匹夫亦当以国家之兴亡为责，时局动荡，何人可做到独善其身？有志者，自当为国效力，排忧解难。应知独木不林，人多方能势众。如闻一多之类有志之士，自感应团结一心，齐力找寻中国的新出路，他们为此殚精竭虑。

3. 古剧着新装

1924 年，离了芝加哥会议，闻一多来到了美国最大都市——纽约，转入纽约艺术学院，继续习画。

煤油大王洛克菲勒捐助的十余层高楼成为国际学会，位于纽约的江滨大道，闻一多便居住于此。国际学会落成不久，内部设施齐全，装修豪华，由于这里居住的大多为其他国家的留学生，所以被人称为"万国公寓"。因为是提供学生居住，故租金并不贵。

大概是因为留学生都住在国际学会，在纽约，中国留学生比其他地方集中，在这儿时常会举行各式各样的活动，纽约的生活节奏虽快，但也不失乐趣。那时的闻一多对自己未来的人生还没明确的方向，此时又认识了几位学习戏剧的新朋友，加之画展的失利，诸多因素，致使其对绘画兴趣索然，在纽约艺术学院注册时即便报的仍是美术专业，但内心对学习美术失去了动力。

早在清华园内，闻一多就是戏剧排练的积极分子，他与贾观林等人合作的《革命军》以深刻的立意获得了全校第二名。闻一多在戏剧方面成就突出，于是 1916 年 9 月在清华成立的"游艺社"，他被推举为副社长。之后，他负责多部戏剧，均有不俗成绩。也正因前面的基础，让他遇见这几位学戏剧的好友之后，再次对戏剧迸发出热情。这大概也是他将重心转移到戏剧上的一个原因。

余上沅、张嘉铸、赵太侔、熊佛西，是当时与闻一多关系最为密切的几个人，正是在他们的影响之下，闻一多才重拾对戏剧的兴趣。

余上沅是湖北人，与闻一多系同乡，与梁实秋一同赴美，当时他就读于哥伦比亚大学，研究戏剧；张嘉铸给闻一多留下了较深的印象，闻一多给予他很高的评价，称他"文学美术鉴赏力甚高，敦敦好学，思想亦超凡俗。"；赵太侔是无政府主义者，来美多年，攻读戏剧专业；熊佛西原是燕京大学的学生，之后与闻一多一同合编过一部独幕剧。

这几个年轻人，怀揣着对喜剧的执着，共同合作，希望排演几出戏剧。闻一多本就是美术专业的，舞台设计、服装制作自是由他负责。

他们为排演洪深编写的《牛郎织女》，忙活了好久。功夫不负有心人，演出获得了多方好评。这给了他们极大的信心，于是他们制订了更大的演出计划。

他们打算演出古装戏剧《杨贵妃》（又名《此恨绵绵》），剧本是余上沅编写的，再由闻一多等人翻译成英文。在这部剧中，闻一多的绘画才能发挥到了极致。演出所用的布景、服装大都出自他之手。他给梁实秋写信，告诉他自己最近忙得不可开交，虽然忙碌辛苦，却也乐此不疲，字里行间尽是欣喜之情。

如此忙碌，怎么不请外援？当然有请过，他们请的是中国英美烟公司画广告的中国人，无奈那人态度高傲，闻一多看不惯他盛气凌人的姿态，便与其余伙伴一同辞退了他，最后重担只能落在闻一多一人肩头。

准备期间，台上台下，无不是他们忙碌的身影。一句台词、一个动作，都是他们意见激烈碰撞的结晶。直到双方争得不可开交之时，有人高呼"天气不错"、"开窗子"，这才作罢。偶尔忙至夜深，几人便相约同去喝点小酒，生活倒也滋润得很。

1924 年 12 月，经过长时间准备的英文古装剧《杨贵妃》，正式拉开帷幕，在纽约公演，并大获成功。当地报纸、各地华文报刊纷纷介绍了这部戏剧，都予以很高的评价，褒扬之词，铺天盖地而来。许多华侨及美国人都交口称赞。

值得一提的是，闻一多设计的布景在灯光之下，给人以富丽堂皇之感，服装的设计制作也被人大加赞许。扮演唐明皇的黄仁霖、扮演杨贵妃的黄倩仪等人，在表演上都非常卖力。

《杨贵妃》在纽约乃至其他地区都产生了巨大影响，在波士顿的梁实秋与其他留学生也为此大受鼓舞。顾毓琇连忙编制了《琵琶记》，梁实秋将其翻译成英文，再联合冰心、谢文秋、高长庚、王国秀、曾昭抡等也开始排练。

至于布景、服装等方面的内容本是要请教闻一多的，但是他另有他事，脱不开身，便由赵太侔、余上沅出马，提供技术帮助。3月底，《琵琶记》在波士顿美术剧院正式与观众见面，闻一多也赶来助威。这场演出观影的有上千人，演出结果自然也不出意外地相当成功，在波士顿引起了极大的轰动。

两次演出，第一次将中国古典戏剧介绍给美国大众，再加上翻译成了英文，语言上没有障碍，这让美国观众更易接受及理解。

余上沅、张嘉铸、赵太侔、熊佛西、闻一多几人的初次尝试，以及带来的这些小小高潮，在异国他乡传播中国民族文化方面功不可没。

在《琵琶记》结束的第二天，闻一多与朋友一起看望了冰心，他这么做的主要目的，是希望冰心能加入大江会。

闻一多对大江会有很大的热情，之前对他来说，国家主义仍是一个很模糊的概念，但依旧不妨碍他用诗人的口吻，为他自己心中的国家主义讴歌：

"我要修葺这历史的舞台，

预备排演历史的将来。"

　　他依旧认为中华文化才是国家主义理想的重心，他在给梁实秋的信中曾这样写道："我国前途之危险不独政治、经济有被人征服之虑，且有文化被人征服之祸患。文化之征服甚于其他方面之征服千百倍之，杜渐防微之责，舍我辈其谁堪任之。"

　　正是因为怀有这份责任感，他才奋不顾身地投入到教育国人的"国剧运动"中，也因此，他甚至还决定要在回国之后投入到中国画的研究中去。

　　戏剧是时代综合而简练的历史记录者，以这种轻松的方式去表达沉重的意义，这也凸显了戏剧在生活之中的非凡意义。戏剧，对文化传播有推波助澜之功，这让闻一多开始重新审视戏剧。他在等待，等待一个可以将戏剧的作用发挥到极致的机会。

4. 戏剧大改革

　　"国于天地，必有与立，文字是也。文字者，文明之所寄，而国粹之所凭也。"早在 1916 年时，闻一多就在《论振兴国学》一文中这般写到，他认为希腊的兴衰与其文字是有密切关系的。"希腊之兴以文，及文之衰也，而国亦随之"，不仅是希腊，罗马的兴盛强大与其文字也密不可分。

　　在罗马强盛时期，他们的文字气势如虹，正因文明所依，罗马帝国强大，铁骑出征，所向披靡，所到之处无不尽收于其下。闻一多如是说："晋宋以还，文风不畅，国势披靡。泊乎晚近，日趋而伪，亦日趋而微。"

　　戏剧，文字之作，文明之向，自然被他重视，更不必说公演成功之后了。公演的成果，让众人信心满满，大家聚在一起构想未来之路，彼此相互鼓励，决定要一同回国，带着"国剧运动"的口号，他们在烛光下、炉火旁，一遍一遍地计划着、描绘着、勾勒着。大家围坐一起越谈越兴奋，在这激烈地、热闹地探讨之中，仿佛未来的希望也愈发明亮了起来。

　　很快，闻一多与余上沅、张嘉铸、赵太侔、熊佛西等人创办了杂志《傀儡》。为了创立艺术剧院，没有一点经验的几人开始了为期两个月的奔波。

　　那一时段，纽约的大街小巷都是他们的身影。为了能更好地建立艺术剧院，他们托有关系的人帮忙调查纽约歌剧院的内部情况，去请教各个部门的创立办法，请求专业人士对他们创办的艺术剧院提一些意见。

　　他们还会去颜料店打探颜料行情，去电器店里比较各个产品的价格，玻璃店里、布匹店里、服装店里、道具店里、化妆用品店里……他们有决心，也有信心。跑遍了大半个纽约，请教过了所有可以请教的人，终而，他们拥有了"北京艺术剧院"，有了演员培训学校，有了戏剧博物馆，有了更多的留学生加入他们。

　　1925 年 1 月初，他们创立了"中华戏剧改进社"，社团的主要方向是戏剧。只是，当时有关戏剧方面的材料数量有限，无法进行长久研究。社团中的成员们还拟定了一个刊物，虽然确定了前四期的目录，可刊物的名字还未确定。刊物除了有关戏剧方面的评论之外，还加入了建筑、雕刻、音乐、舞蹈等艺术方面的内容，在体裁方面也使用了多种方式。

　　闻一多是其中的热情分子，"振兴中华"是他的希望，同样也是改进社的目标，他希望梁实秋能加入其中。

对于刊物的目录，大家并不打算只采用国内的艺术进行评价，当中也拟定了一些关于其他国家的艺术作品的文章。对此，闻一多也表示很支持，并决定写一些表现其他国家爱国主义者爱国之心的文章，之后便撰写了《奈陀夫人的艺术》《塞藏赞》等文。

值得一提的是，闻一多在那时翻译了英国诗人拜伦的一首诗——《希腊之群岛》，这首诗并没有收录在他之后的文集当中，可意义特别。

拜伦的这首诗歌创作于英国侵略希腊之时，作为一个英国人，他并未被自己的身份所蒙蔽，也未因自己的国籍有所顾虑，他站在受迫害民族的立场，以渺小的身份看待这一问题，他绝非为维护自己国家的利益而胡乱爱国。这一点是闻一多非常敬佩之处。

爱国者不是仅仅热爱自己的国家，还要懂得爱别人的国家，爱国应是广泛的，博爱之爱乃爱国之本。

> 放我在苏尼欧的白石巖上，
> 那边什么都没有，只有海涛和我，
> 让我对着海涛互相哀唱；
> 让我唱完歌就死，像那天鹅：
> 这奴隶之邦不是我的家！
> 把沙蜜的酒杯摔破了它！

拜伦的爱国不是狭隘的民族主义，而是一种更偏向"大江会"上提出的"国家主义"。共同的看法，让闻一多对这首诗更加喜爱。翻译之后，他将这首诗寄给了郭沫若，并建议出一次拜伦的专刊。遗憾的是，远在海外的他不曾得知，《创造周刊》、《创造季刊》都已不在了，这首得意之作也迟迟不曾发表，直至1927年11月才在《时事新报》的副刊《文艺周刊》上刊登。

国外的学子，除了要进行新式的戏剧改革，目光也要时刻留意国内，以便回国后开展国剧运动。只是，想要在当时的中国开展这种比较新颖的运动有些难度，首要难题便是地点。

北京大学系新文化运动的发源地，彼时，北大已开设画法研究会、音乐研究会，如此，它似乎也应该给戏剧一点空间，使其得以发展。考虑到这些，闻一多等人不约而同地将目光投向了北京大学，并随即写信。他们的信由与胡适有过些许交往的余上沅代为执笔。

信中，他们希望胡适能在北京大学成立一个戏剧研究会，建立一个能进行实验的场所，同时邀请胡适加入他们。是时，胡适应是忙着参加由段祺瑞政府举办的全国善后大会，倒也没留心于此，遂众人迟迟不见回信。

信虽未回，可众人的心思不减，希望戏剧在中华大地茁壮成长。而随着在国外每一次戏剧演出的成功和所带来的反响，闻一多等人的信心更足。

此期间，发生了一件叫闻一多伤神之事——孙中山离世。

孙中山系闻一多十分敬佩之人，他的革命精神，他的为人，都是闻一多仰慕的。此前，曾有谣传说孙中山病逝，听到这个消息的闻一多拉着梁实秋，涨红着脸，不断重复着这样的话："这个人如何可以死！"情绪十分激动。之后，当得知只是谣传时，方才松了一口气。

可惜，那年3月，孙中山确实在北京逝世了。闻一多闻之万分震惊。在国际学舍的大厅当中，纽约华侨们一同为孙中山召开了追悼会，会场中中山先生的遗像便由闻一多所画。此番插曲，让闻一多思及更甚。

　　戏剧成功之后，一切似乎进展得都还不错，即便这样也不乏不顺之事，生活也并不是一帆风顺的。寄信于胡适无果，敬仰之人又离世，对那时的闻一多来说无异于一种煎熬。他要回去，他要回到祖国，他要自己动手，他知道中国需要他！

第四章　斑斓灼岁月

1. 现实的冷水

要回去看看的念头愈发浓烈。

当初一起研究戏剧，打算同回故里共同奋斗，投身"国剧运动"的几人中，一人留在了纽约，一人当了"考察专使"，只有闻一多、赵太侔、余上沅三人踏上了前往西岸的列车。

他们走得决绝，义无反顾，这里已经没有可以留恋的东西了，这里毕竟不属于自己，这是"美帝"的地盘，是如同老鹰一般的民族所占领的土地。在这里，看不到亲切的面容，只有满目鄙夷的犀利神情；这里听不到熟悉的乡音，只有简单的字母构成的陌生对话。

其时，按照清华的相关规定，闻一多是可以在美国学习至少5年时间的，但他对故乡热切的思念，对国剧运动的强烈信心，加之美国对他们这帮中国学子的极度不尊重，这些因素杂糅在一起，使得他仅待了3年就急急忙忙地结束了自己的留学生涯。相信没人会愿意待在一个对他充满敌意的环境中学习的，即便他可以学到很多先进的知识，可若没有好的环境，好的氛围，怎么会有更强的学习动力呢？

闻一多就是这样，带着从事国剧运动的雄心，与两位好友一同登上了回国的海轮。对他们三人来说，这么做需要很大的勇气。

回国后，他们并未很快找到出路，没有事先找好的差事，没有家人的帮助，一切都要靠自己。在其他人眼中，他们这么做实在犯傻，完全不值得。

能让他们如此大胆实行这个计划的原因只有一个——圆梦，圆一个能让祖国富饶、民族强盛、社会和谐的幻梦。

闻一多说："只是跟着一个梦走罢了"。虽然是梦，可也是一个有计划的梦。当时，考虑到回国之后没有固定的经济来源，所以当务之急要做的是减少开支，以便在回国之后能有一定的经济基础。于是，他们买了三等船的船票，这样每人能省下 100 美元，这笔钱可保证他们在抵达北京之后 3 个月的生活开支。

依旧是将近一个月的海上生活，摇摇晃晃的甲板，咸咸温润的海风，海浪拍打得船身哗哗作响，海鸥盘旋于海轮之上，一切都与当初来美国时一样，但一切又偏偏显得那么不一样。

当初的新鲜好奇，到后来的无聊苦闷，一路之上的烦躁伴随着他们踏上陆地，而这次却并不是。兴奋，时间越长越是兴奋，因为这是回家的船！

与故乡的距离在不断缩短，时间还是那么长，但这并不让闻一多感觉到苦闷，他在向祖国靠近，一步一步地、缓慢地接近。更何况，此次同行的还有赵太侔和余上沅，好友一同谈天说地，时间也仿佛不再难熬。他们时而开几句玩笑，时而眺望海面，更多的时候是聚在一起商量和计划着回国后的事情。

1925 年 6 月 1 日，他们终于结束了海上航行的日子，踏上了朝思暮想的土地。然而，他们万万不曾想到，迎接他们的竟是如此面目疮痍的家乡。

在他们下船的前两天，上海发生了震惊中外的"五卅惨案"。闻一多三人看到的不是曾经的祖国，那个曾经美丽、富饶、强大的祖国早已是历史。眼下，他们看到的是苍凉、凄婉，路上的行人匆匆忙忙，一个个低着头，沉着脸，哭丧的表情仿佛笼罩着街巷，生机勃勃在那一刻是那般遥不可及。

三个人恹恹地没了生气，病怏怏地走在街上，没人说一句话。来到住处，扔下行李便倒在床上，房间里充满着让人窒息的沉默。在美国时的信心，在海轮上的计划，满满的热情瞬间被这一盆冷水浇灭。不仅是热情被熄灭，就连心也一下被拉到冰点。

闻一多的好友洪深，那时正在上海工作，得知闻一多归国，与欧阳予倩热情地招待了他。听说闻一多这次回来打算开展戏剧改革运动，从事电影和戏剧工作的洪深及欧阳予倩都极力劝他留下来，在上海与他们一起工作，但闻一多婉言谢绝了。在他心中，北京始终是中国人才聚集之地，在北京开展国剧运动是最理想的。

离开上海，闻一多回到了阔别 3 年的故乡。这里的一切是那么亲切，一砖一瓦、一草一木，似乎都像是他多年不见的好友。

此时在家中，多了一个让他日思夜想的人——立瑛，她是闻一多出国没多久时出生的女儿，小姑娘活泼好动，逗得闻一多欢喜开怀。遗憾的是，这种愉悦相当短暂，闻一多只小住了几天就匆忙北上，与在北京的余上沅等人会合。他们租下了北京西单二龙路梯子胡同一号的小院，几个人住在一起，生活甚是拮据。

　　闻一多在北京，也遇见了年长他9岁的杨振声。杨振声，山东人，是北京大学新潮社的发起人之一，"五四运动"时参加过火烧赵家楼，之后也赴美留学，比闻一多早一年回来。彼时，他在《现代评论》杂志担任文艺编辑。由于两人有着共同的兴趣爱好，遂很快成为朋友。回国后的闻一多，起先的几首诗歌都是发表在《现代评论》，其中无疑有杨振声的援手。

　　闻一多在美国时写了一首诗《醒呀!》，是他回国后发表的第一首作品。

　　　　让这些祷词攻破睡乡的城，
　　　　让我们把眼泪来浇醒你。
　　　　威严的大王呀，你可怜我们!
　　　　我们的灵魂儿如此的战栗!
　　　　醒呀! 请扯破了梦魇的网吧。
　　　　神州给虎豹豺狼糟蹋了。
　　　　醒了吧! 醒了吧! 威武的神狮!
　　　　听我在五色旗下哀号。

　　诗歌运用了汉、满、回、蒙、藏五大民族的口吻，再加上"众"的呼喊，彼此呼应，放声大吼，沉睡的雄狮这一刻被唤醒，发出震天的怒号!《醒呀!》，不仅感情丰富强烈，闻一多亦是发挥了自己在剧本创作之上的才华，使这首诗也极富戏剧性，透彻地表达了他将要溢出胸腔的爱国之情。一刹那，闻一多这头"雄狮"也怒吼起来!

　　前进，前进，角落里的呼号慢慢席卷了全身，闻一多义无反顾地投身国剧运动的大潮!

2. 国剧陨于"政"

人生总不会一帆风顺，苦难与挫折是人生必经的洗礼。

对那时的闻一多而言，挫折是他飞跃前必然要经受的。

为了能尽早地开展国剧运动、创办艺术剧院，刚到北京与余上沅等人会和不久，他就马上行动起来。

大家的目标相同，干起活来也格外积极。他们四处奔走，想方设法去开启自己的梦想大门。当他们将自己早就拟定好的《北京艺术剧院大纲》送到晨报报社的时候，梦想的女神似乎也开始光临了。

担任《晨报》的副刊编辑孙伏园看到闻一多他们送来的大纲概要时，十分满意，对大纲稍加修改之后，就以他们几个人的名义发表在了《晨报副刊》之上。此大纲能受到孙伏园的赏识，自然有其可取之处。大纲是仿照西方的剧院形式设计的，从中可知，闻一多他们当初打算建立一间西式的艺术剧院，剧院集研究、学习、演出等功能为一体，当属新式艺术团队。

艺术剧院还设置了院长、评论会、董事会，对于剧院的资金来源、经营手段、场内设施、教学内容等等，亦是做了初步的设计规划。不过，此大纲也仅仅只是一个计划，一如当初规划的那样，资金方面的问题压力巨大，而向政府寻求帮助更难比登天。为了圆梦，闻一多把目标转向了另一个团队——新月社。

新月社的早期成员有胡适、徐志摩、林长民等，这是属于高级文化人员的一个聚餐会。闻一多会将目光转移到新月社，这并不是没有理由的。在其回国前一年时，为了庆祝泰戈尔诞辰，新月社就曾组织编辑并演出了《齐德拉》。闻一多从他们身上看到了有心国人对戏剧的热情，他希望能得到他们的支持。

对于这几个有志青年，新月社的成员自然十分欢迎，其中最热情的要数徐志摩了。徐志摩留学美国、英国，比闻一多大 3 岁，两人一见如故，甚为投缘。在徐志摩的介绍之下，闻一多也加入了新月社。新月社中都是当时社会的志士名流，胡适是清华直接留美的学生，并且出版了《尝试集》，闻一多特别敬重他，两个人在之后的日子里结下了很深的友情。

找到新月社，闻一多的梦想似乎可以起航了。一个用心演绎戏剧的有志者，似乎应及早圆梦，这也符合"付出迎来回报"的俗语架构。只是，一切并不简单。

与新月社成员交流后，闻一多得到的仅仅只是口头上的讨论，并没有在实质上解决艺术剧院的资金问题。当然，他参加新月社并非一无所获，徐志摩为他寻得了归国后的第一份工作。

1925 年 9 月，在年初学潮的影响之下而被迫停办的北京美术专门学校，在消沉了半年之后，开始恢复了往日的嬉闹，且改名为艺术专门学校，由刘百昭主持。闻一多及其好友余上沅，便被这所学校聘用，闻一多成为一名筹备委员。

自始至终都对戏剧独有情愫的闻一多，自受聘之时起，就开始向学校提出增设戏剧专业的提议。经他的多方游说、努力之后，学校终于认可。洪深这样说道："这是我国视为最卑鄙不堪之戏剧，与国家教育机关发生关系的第一朝"，之前也有专门的戏剧学校，大多都是私立的，艺术专门学校设立戏剧专业，对中国的文艺界无异于一件十分具有纪念意义的大事件。

承托夙愿，心志得偿。9 月 14 日，闻一多开始了筹备工作，他的动向，也成为当时主流报纸争相刊登的内容。

又是起草大纲，又是商讨预算，还要准备油画系学生的招生考试，闻一多不辞辛苦。想来，为自己的梦想劳碌、奔波，再辛苦也是值得的，再大的坎儿也是可跨过的。

10月5日，闻一多正式被任命为学校的教务长，同时还兼任油画系的系主任。11月16日，艺术专门学校开学了，闻一多更加忙碌。但有了赵太侔、余上沅他们的热心帮忙，戏剧系也办得生机勃勃。

闻一多觉得，要振兴戏剧，首先要培养新人，为此，他将工作重心移向了戏剧人才的培养。他是想以此为基础，为戏剧系的未来做些打算。眼光之远，叫人敬佩。但是，在当时那个动荡的年代，并没有多少人将未来放在戏剧上，有志向的进步青年都希望在救国上尽绵薄之力。

借由这样的社会背景，段祺瑞在张作霖及冯玉祥的军队拥护之下，成立临时政府执政。张作霖向天津进军，随后又往安徽、江苏等地前进，但却与孙传芳的五省联军发生冲突。冯玉祥私底下与郭松龄密谋，打算推倒张作霖。

11月22日，郭松龄倒戈，国民军控制了北京；12月31日，段祺瑞换下了章士钊，任命易培基为教育总长。刘百昭与章士钊又有密切的关系，这一变化，使得刘百昭不得不辞去官职。

1926年1月，教育部任命林风眠为艺术专门学校的校长，但林风眠当时并不在国内，故在他回国任职之前，由教育部部员代替。这个消息让闻一多以及其他的学生、老师都相当不满。

政府内部的人员调动常常会使学校产生不必要的混乱，教育界的人员都希望教育能与政治相互分离独立，为的就是避免政治政策、人员的改变对学校产生不必要的干扰。出于这一点思量，闻一多与其他学校人员都极力地反对教育部派人控制学校。

1月下旬，闻一多陪同赵太侔、萧友梅等人，代表艺术专门学校的教职员前往教育部询问结果。始料不及的是，闻一多竟被人反咬一口，不知是谁在学校散播他欲当校长的谣言。闻一多感到心寒，苦笑一声之后当即辞去教务长的职务。

"富贵于我如浮云"。闻一多以此来表明自己无心恋"栈"。他写信告诉梁实秋，学校已经分成两派，其中一派希望刘百昭能够继续任职；而他与萧友梅等人是另一派的，认为应该换校长，并希望蔡元培能担任校长一职。可最终，蔡元培还是没能到来。

3 月的北京还略带凉意，乍暖还寒。林风眠与蔡元培一同回国。林风眠担任校长时，曾表示希望闻一多能留下来继续担任教务长，但闻一多态度坚决，林风眠只得兼任了教务长一职。

闻一多虽辞教务长，但身为艺术专门学校的教授，他还是继续坚持做下去。不过，这份坚持仅到当个学期结束便消殒了。至此，国剧运动亦彻底失败。

3. 联合会之思

闻一多热心于国剧运动之时，偶然间在报纸上看到了一条消息——北京国家主义各团体联合会，邀请各个有志爱国团体一同加入。联合会在报纸上打出了"内除国贼，外抗强权"的宗旨，这与闻一多他们创立"大江会"的初衷基本一致。

找到同盟的闻一多，没过多久就去找了联合会的发起人——李璜，并代表"大江会"加入联合会中。这一次尝试，对闻一多来说具有非凡的意义，是他回国后在政治方面改变社会的第一步。

是时，日俄出兵东北三省，便发生在联合会成立后不久，联合会对此展开了反抗活动，这也是联合会成立以来的第一次活动。

1925 年 11 月，郭松龄倒戈，这让一直对中国虎视眈眈的日本找到了可乘之机。日本随即发表声明，称中国此次战事将会影响其利益，便决定出兵进行干涉。12 月 19 日，日军阻止郭松龄的军队进入营口；同月 23 日，日军切断了郭军指挥部与前线的联系，导致郭军节节败退，更切断了其退路。最终郭军不敌奉军，战败于巨流河，郭松龄夫妇被捕，终而被杀。

在此期间，张作霖曾经调动黑龙江的兵力前去支援。一直在暗中支持郭松龄、冯玉祥的苏联，却以"莫须有"的理由中断了中东路的交通，阻止张作霖派遣的援兵。形势万分紧张，战事一触即发。

尔时，外界纷纷传言，说苏联将要出兵。

在中国本土，两个国家竟要在此动兵，不仅损害了中国人民的利益，更侵犯了中国的主权，全国为之震惊！

各大报纸纷纷报道了这骇人听闻的事件，无头无绪的消息加剧了闻一多的愤懑。坐立不安的他满心愤慨，赶忙前往李璜住处与其商量。他建议联合会召开"反对日俄进兵东北三省大会"，但李璜认为应当从长计议。闻一多觉得李璜迂腐，于是气愤地跑到学校的广告牌处，贴出了启事——"国家主义各团体联合会发起反日俄进兵东三省大会筹备会"。

闻一多想到的是，中国内乱不断的主要原因，源自外国列强的干涉，列强与那些卖国的官僚勾结，为一己私欲，便引狼入室，军阀们是得到了好处，可受苦的是中国同胞！闻一多仇视帝国主义，认为日俄在中国境内出兵，势必会加重中国内政的混乱程度，同时他对听命于苏联的共产党非常不满，这就不难解释缘何其后他与中国共产党发生直接冲突了。

这次筹备会在北大二院的宴会厅举行，除了闻一多代表的"大江会"之外，还有国际主义青年团、国民党各团体联合会、醒狮社、曙光社等 40 多个社团。筹备会开得并不成功，有人提出反对，导致会场引起骚乱。

1926 年 2 月，有报道称，驻俄华侨总会会长金石声在回国途中被俄政府抓捕并迫害。还有消息称，被驱赶回国的华侨常常被拘捕，受刑致残。在俄华侨杨寿镛写信给国内友人，向其诉说种种不平，杨寿镛的好友便告知了各大报社。只是迫于社会压力及当时局势，没有一家报纸敢刊登。

闻一多看了一些国家主义团体联合会的报道，便找到李璜，向他倾诉。几天之后，李璜邀请了闻一多、余上沅等人，向他们描述了华侨在苏联的遭遇。苏联政府诬陷中国留学生及华侨，称其在私下组织暗杀日本驻俄大使的团体，强行抓走了 50 多人，并对这些无辜者施以暴行。

听闻此言，在场之人无不激愤，随即决定召开反俄援侨大会，大会的矛头直指苏联。

3 月 12 日，日本军舰驶入天津大沽口，为进攻冯玉祥的奉军打掩护，最终被国民军击退。两日之后，国民军对外公布了大沽口事件的真相，举国震怒。天津 70 多个社会团体联合通电，谴责日本的可耻行为，30 多万人齐聚故宫太和殿前，举行反日侵略大会，天津市民联名要求段祺瑞政府对日提出抗议。

民众积怨，日本帝国仍不死心，竟然联合英美等列强，要求中国撤出大沽口的国防工程。此一系列无耻要求，举国皆愤！

闻一多本就是爱国激进分子，面对日本的无理要求，自是怒火中烧。他听说 18 日那天，天安门前将会有一场民众集会，故此早作准备，意欲参加。

李璜得知此消息，劝说闻一多放弃参会。最终闻一多放弃了参会的念头。但他却用另一种方式表达爱国。他联络了 30 多个社团队伍，决定 18 日这天单独举行示威活动。

集会当日，国家主义团体联合会共计 200 余人前往外交部、国务院陈述意见，表达对丧权辱国的要求的强烈不满。就在他们离开后不到两个小时，原本在天安门集会的团体赶来国务院，国务院的军警随即开枪镇压，"三一八"惨案就此发生。

面对日本的无理要求，反动派非但不反抗，反而残害起爱国同胞，原本有矛盾的几个团体暂时联合起来，决定一起抗议政府的暴行，联合发表声明要求政府废除《辛丑条约》，为无辜受难的同胞雪耻。

死伤之人中有闻一多的好友，亦有他的学生，他痛心之余，又重新审视了自己的做法，这种做法是否真能拯救中国呢？

迂腐的不仅是社会，还有思想，改变社会的根本之道，便是改变这迂腐的思想。闻一多再次拿起笔杆，毅然地画断了与国家主义团体联合会的联系，以文字为武器，乘上文化的战车，披上文学的戎装，将满心的爱国情愫化为一把利刃，决然地劈向了浑浊的社会！

4. 赤心铸《诗镌》

1926 年年初，闻一多便将自己的妻女接来北京，过着独立的小家庭生活。他在精心布置的"黑屋"里，悄悄地萌发了一个新的念头——为什么自己不去创办一个杂志呢？

闻一多的家原是一个重视诗书的旗人老宅，闻一多热爱文学，这宅子自然对他的口味。他特地选用黑色的墙纸布置房间，这就有了"黑屋"的由来。

在这奇特的房间里，时常聚集着一群崇尚自由的热血青年，孙大雨、杨世恩、朱湘都是这"黑屋"的常客，他们畅谈诗词，诵读经典，在交谈中，慢慢领悟到了一些新的创作手法，渐渐地形成了一种新的风格——格律。

这个时候，本应欣欣发展的中国新文学，遇到了前所未有的危机。原本热衷于此，推此向前的创作者们纷纷将目光投向了其他地方，中国新文学停滞不前，新诗的发展也跟着缓慢了。

然而，这帮"黑屋"常客们都有一个共同之处：都受过西式教育，多少受过西方文学的熏陶。与先前的诗人不同，这是一群新兴势力，大家都希望能推动中国新诗的发展，渴望开辟一条适合当下的新诗发展之路。

他们推敲诗歌的修辞，研究字句的差异，用严谨的态度使用韵律。像他们这样，将目光着重放在诗歌格律的流派称为"格律派"，格律派对早期的新诗发展颇有意义。其中，尤为值得一提的即是《晨报·诗镌》。就当时的情况来看，想创办一个新杂志实属不易。

首要问题便是资金。大家手头都不宽裕，即便是其中相对有钱的闻一多，凭一己之力也难以支持新杂志的长久运营，更何况还有来自政府的压力。

段祺瑞执政时要求创办新刊物必须备案，他本人一向不喜欢新文化运动，恨不得将这些苗头全部铲灭，怎会让他们顺利办刊？若是上报，就如泥牛入海，一去不返了。

经过一番商讨，大家认为借助其他报纸的副刊做一个周刊比较容易，最终决定去拜托在《晨报》工作的徐志摩。徐志摩本就是诗人，又十分欣赏闻一多，听闻好友们的想法，自然同意。同年 4 月 1 日，《晨报·诗镌》创刊。

《晨报·诗镌》是专门为诗歌发表、评论而服务的，对新诗发展的促进作用不言而喻。

闻一多是《晨报·诗镌》的主要力量，也是格律派的代表人物，在《诗镌》上曾发表《诗的格律》。他崇尚"脚镣艺术"，认为一个优秀的诗人，不会受到任何限制与束缚，即使戴着脚镣，依然能够起舞，这才是真正的优秀诗人。而其眼中的"脚镣"，便是格律的化身。

诗歌需要一定的约束，只有在这一框架之中，诗歌才会被更多的人认可，才能再次发展。对于一些人来说，格律也许是一个束缚，但在杰出诗人的手中，格律就是一件利器，远远投掷，才能深深扎根于中国文化之土。

闻一多所提倡的格律，本非传统意义上的格律，有别于古板的旧格律，它更加自由，是为适应诗的内容而自由创造的，是可以由诗人的想法进行自由改变的，没有特定的形式。这也符合闻一多之前提倡的自由体新诗。表面上来看，格律仿佛旧时之物，似乎会使新诗退步，实际上，它是在完善新诗，取传统之长，补新诗之短。

闻一多坚持赋予新诗绘画美、音乐美，使新诗在朗读时更有韵律，更具画面感，令其视觉与听觉在朗诵的过程中同时得到满足，直到现在，这也是评价诗歌的标准之一。

《晨报·诗镌》是轮流编辑的，刊登的也多为各自的原创，大多都带有尝试性。闻一多便借助这一平台，尝试了各种格律诗的创作。九、十字一行，二、四行一段，《诗镌》的每首诗都格律迥异，甚至还首次在诗中运用了方言，大胆的创作，让他在新诗的道路上越走越远，逐渐成为格律诗的领军人物。

　　任何事物都有其生存期，《晨报·诗镌》也不例外，它止于第十一期，从创办到结束，不过 70 天，但它在诗歌史上的地位举足轻重，对新诗发展的影响也极为深远。

　　闻一多等人在《诗镌》上的创新、努力，受到了很多人的支持、效仿，徐志摩认为，闻一多严谨的诗风使他找到了自己的风格，原本像风一样自由，慢慢地找到了野性，骨子里的情感，夹杂着这股狂野，促成了他的第一部诗集。

　　闻一多是个诗人，又不仅仅是个诗人，他研究诗的理论，探讨诗的艺术，追寻诗最美好的本真。

　　朱自清曾将诗坛划分为自由派、格律派、象征派三块，而格律派的代表便是《晨报·诗镌》。后人将闻一多的诗形容成"逼阳之城"，诗的气魄虽不及徐志摩的磅礴，但贵在严谨，坚不可破。他的诗之所以对这么多人造成影响，无疑有《诗镌》的功劳。

　　打个比方，国剧运动，就像是战场，上去就是厮杀，争的是新生资源，拼的是爱国决心。胜，得的是匡时济俗；败，则一无所有，空忙一场。创办《诗镌》，就像是一次演讲，它激情，振奋人心，没有激烈的拼杀，只有安静的倾听，潜移默化中改变人的思想，是一场精神层面的革命，影响深远。

　　国剧运动失败了，它本应有的价值并没有如愿体现出来，它结束了，同时它的影响也就结束了，它的使命也仅仅在它存在的时候完成。《诗镌》虽只有仅仅十一期，可它的作用并未终止，每个作者都是它影响的根源，再由其作品接着影响其他读者，影响范围之广可想而知。

　　国剧运动失败，并未打倒闻一多，他始终热爱新诗。因此说，《诗镌》的创立是必然的，更何况在他身边还有同样热衷于此的好友们。

　　新诗就像一块荒地，本无人问津，但经闻一多等先行者的开垦，已渐成园圃，而长久的闲置，园圃又荒芜了，闻一多犹如园丁，带着工具、肥料从国外回来，继续开辟，松松这坚实的土，浇浇这干涸的地，将国外的新鲜养分洒向土地，不知不觉，又来了很多园丁，园圃也恢复生气，逐渐繁荣。

第五章　心定无归期

1. 南下祭哀思

一介文人，如何能改变已然发生的战乱？也许最好的办法便是离开，但躲避并不意味着放弃。

是时，冯玉祥的国民军不敌奉军，被迫撤出北京，奉军成了主角。《京报》的负责人邵飘萍，被冠以"赤化"之名，遭遇奉军逮捕，杀于天桥之上。北京国立的八所院校被搜查，一时之间，人人自危，言语稍有差池，就可能招来杀身之祸。

压抑，阻碍着诗人的灵感。思想不够自由，对于崇尚自由创作的诗人来说，无疑是不痛快的。随性而发，随心而创，少了这些，闻一多也感到生活枯燥了不少。好不容易熬到了年终，他打点好北京的一切，便带着家眷离开这让人窒息的土地，回到了浠水老家。

曾经，北京城内各类的思想交融、碰撞，正是这样的激烈才吸引他来此定居，不曾想过离开时竟会如此失望。

浠水老家，比较偏僻，文化也比较落后，此时的战乱更加剧了家乡的困苦。孩儿难养，多是夭折，乡里到处是这类白事。本就因离京而愁苦的闻一多，愈加深陷阴郁之中。家乡是待不下去了，他想到了上海。

刚从美国留学回来的潘光旦得知闻一多抵达上海，尽地主之谊热情招待，尽心为其帮忙。潘光旦回国后，在上海的一所国立政治大学工作，陈石孚、张嘉铸也在其中任职，而这所学校的校长又是张嘉铸的哥哥，如此这般，闻一多也顺利进入学校，担任训导长一职。其实，这份工作并不适合闻一多，但就当时如此不安定的社会现实来看，落脚总是比漂泊好，最终他就此留下。

刚刚谋得工作，家里就写信告知他女儿立瑛病重。闻一多心急如焚，因刚刚上任，不便请假，只好寄些照片回去，希望女儿看到照片能缓思父之情。

当初从北京回到浠水时，立瑛就已生病，加上路途中的颠簸，病情愈来愈重。老家偏僻，鲜有高明的医师，立瑛的病情虽稍有好转，可迟迟不见痊愈。闻一多着急寻职，没等女儿康复就远行了，而女儿思父心切，病也加重了。

病中的立瑛看着父亲寄来的照片，思念之情非但未有平复，反倒更胜往日。身体之病加思念之疾，让这个可爱的女孩早夭了。

得知立瑛夭折，闻一多匆忙请了假，赶往浠水老家。独自站在船头，他一言未发，深锁眉头。心，被剜得生疼。立瑛走了，妻子也病倒了。守在床边，看到桌上女儿曾经用过的物、看过的书，心中不免泛起酸楚，一层雾气不由得蒙上了眼睛。

这个冬天对闻一多来说，似乎比往年更加寒冷。

1927 年元旦，国民党定都武汉，之后不久便收回了九江、汉口，这是中国人民依靠自己的力量第一次从英国手里收回租界。当时的武汉政府有如此强大的能力，无疑与国共合作有关。与此相比，上海方面在孙传芳五省联军的掌控下，显得是那么没有作为。

收回失地的兴奋，让闻一多暂时从丧女之痛中回过神来，既然武汉那边形势良好，为什么还要去上海做不适合自己的训导长呢？转而，他打定去武汉求职的心思。

当时武汉中山大学正值建设之中，闻一多找到担任筹备委员的邓演达，本希望他能帮自己在学校寻一份工作便不错了，不曾有太多欲求，却不知在其周旋下，不仅担任了国民革命军总司令部政治部艺术股股长，同时还兼任了英文秘书一职。

闻一多才能不俗，首次在国民革命中任职便颇有贡献。可惜，以蒋介石为代表的新右派分裂了国民革命，国民党的内部矛盾也开始逐渐暴露出来。局势的躁动不安，迫使闻一多离开了武昌，他也同时发现，这里并不是国民革命的中心。是时，上海政治大学又成了他斗士人生中的另一阵地。

同年 4 月，前往河南的北伐军队进入上海。而政治大学是国家主义派的一个据点，北伐军队封锁该校便在情理之中了。更叫人局促不安的是，随即便发生了"四一二"事变。

那段时日，闻一多十分苦闷，整个人沉浸在压抑和低沉中。为排遣郁闷，他选择用诗歌来抒发情怀——从《我要回海上去》、《心跳》、《荒村》，到《发现》、《一句话》、《贡献》，这一连串的真心之作无不表现了他对时局的看法——指责、愤懑，几乎充斥着他这一时期的作品。

闻一多越是为腐败的政治担忧，身体越是不如从前，剧烈的咳嗽、痰中之血，都在提醒他身体已不堪重负。好友们纷纷前来看望，在潘光旦的极力劝说之下，闻一多与他一同踏上了前往杭州的火车。

闻一多咳疾始终不好，应是操劳过度所致。潘光旦劝说闻一多到杭州，是希望他能暂时忘记混乱的战局，让紧绷的神经稍稍放松。闻一多住在湖滨小馆，窗外是秀丽的西湖，风光绝美。湖畔信步，诗兴盎然，心情渐佳的他病情也有了好转。

彼时，那些南下的好友愈来愈多，回到上海后不久，他们便凑在一起决定开一家书店——新月书店。书店的合作方都是受过西式教育的人，主张自由，而建立书店，实际上只是为大家提供一个可以自由言论的地方。闻一多主要负责出版物的封面设计及装帧，在书店工作上并未表现出很大热情。

自离开北京之后，闻一多几乎四处飘零，动荡的社会让他迷惑，一时之间竟然看不清前路在哪儿？那个时代，如他这般彷徨者何止万千？文人到底是时代中最易受伤者，只因他们都有一颗敏感的心。

从北洋军阀的残暴统治，到国民党的内部分化，这一切发生得太快，快到让人无法适应。在闻一多眼中，即便国民党分化，也好过北洋军阀的统治，虽然他仍然迷茫，但也慢慢开始面对现实了。

离开是新的开始，用心武装自己，以便面对下一次的战斗时仍能意气风发。

2. 授教入"歧路"

长江之水，奔流不息，催生着文化，孕育着文明。沿江而立的南京，自古便是要略之地，千年的文明，吸引了多少骚人墨客，闻一多当然也为这深厚的文化底蕴所倾心。

1927 年，在那个不安定的暑期，闻一多离开了上海，离开了筹办新月书店的好友，来到了南京。这里有吸引他的文化，是他的向往之地。

闻一多能来南京也属巧合。国民党政府当时正在建设南京，为发展经济，便在南京设立土地局，而闻一多来南京就是要到土地局谋职。

然只叹当时政治混乱，国民党内部矛盾不断，土地局几经人事改动，原与闻一多有一面之缘的桂崇基离职，这令其不得不另谋他处。

闻一多仍希望能留在南京，便去找了东南大学文学院的院长——宗白华。宗白华得知闻一多来意之后，爽快地答应了。不久之后，东南大学被国民政府并入到南京第四中山大学之中，闻一多也就被聘入其中。

当时的国民政府有意将第四中山大学打造成中国最高学府，故而用人方面特别严格，能进入其中者必是有才学、有名望之士。闻一多是第一批被聘用的副教授之一，在第四中山大学文学院担任外国文学系系主任。其好友梁实秋本在东南大学任教，但最终没有留校，而原先也在东南大学任职的余上沅也没有留下来。一时之间，闻一多竟成一人，好不寂寞。

闻一多所在的外国文学系设立了英语、拉丁语、意大利语、法语、蒙语、日语等语种，除了要研究西方文化的精髓，融汇中西，还研究亚洲各国的文化与中国文化的关系，这对他乃至该系的所有老师来说，无疑是繁重的。开学之初，校方决定选举出教授代表参加教授会议，闻一多即是参与者之一。

生活逐渐安定，加之南京经济也迅猛发展，闻一多便欲将家中的父母妻儿接到南京。彼时，他工作上备受重视，他的学生也勤奋刻苦，家中又有了立燕、立鹤，生活过得十分惬意。

1928 年，武昌准备成立一所大学，由湖北省教育厅厅长刘树杞担任该校的代理校长。为了能组织一些优秀的师资，刘树杞特地赶到南京，恳求闻一多能回到家乡，担任武汉大学文学院院长。

顺风顺水，一切安如磐石。对那时的闻一多来说，南京的生活已很不错，自然能不调动就不调动，但能为家乡教育做出点贡献的心思，总在侵袭着他的心，他似乎开始犹豫了。最终，经不住刘树杞的劝说，他只身前往武昌。

当时，武汉大学还只在筹备阶段，一到武昌，闻一多还来不及歇息，便投入到了紧张的准备工作之中。

新校伊始，有太多杂事缠身。刚审阅完考生的卷子，接着就要出席校内会议，忙着设立专业、聘任教师、估计预算。学校图书馆要建立，出版的校刊需要核对，这些工作看似简单，可一件件堆加在一个人身上，应付起来难免会有些吃力。就在筹备阶段，闻一多的二儿子立鹏出世了，可惜的是，繁冗的事务让他无暇回去看望。

10 月末，武汉大学正式开始授课，闻一多讲授"现代英美诗"，以及一门选修课——"西洋美术史"。这两门课都是他之前就讲授过的，上课时游刃有余。

留学海外的闻一多，本身就有创新意识，再加上接受西式教育，他对传统教学颇有微词，身居文学院院长一职，自然希望文学院能与传统教学有别。他觉得，学院内现有的课程设置稍逊特色，时代在发展，故必须增设一些新的课程。

当时在武汉大学中文系任教的朱东润，就被闻一多请来讲解

"中国文学批判史"，朱东润本人对此兴趣盎然。闻一多比较赞成让年轻教师发挥其所长，这是朱东润的人生之机。可以说，朱东润后来能成为著名的文学批判家，与闻一多的大胆任贤密不可分，是他给朱东润提供了施才之台。

闻一多为人直爽，对朋友十分仗义，纵使朋友对他有误会，也常不挂心上。他的好友朱湘原与他感情很好，在创办《晨报·诗镌》的时候，因看不惯徐志摩的某些行为，便与之闹翻了。闻一多本打算劝说朱湘与徐志摩和好，可朱湘也是个直爽之人，并且十分固执，非但不愿与之和好，反倒与闻一多交恶，两人还一度相继发表文章相互讽刺。

朱湘出国后，因为受不了他国之人的异样眼色，便打算提早回国，可又担心回国空闲，不得工作。此景此情，他是会想到闻一多的。想是考虑到与其在闹翻之后再无对话，便觉这个朋友就此失去了。不想闻一多十分大气，朋友有难，自会鼎力相助。

他写信告诉朱湘，他愿意写推荐信给武汉大学，让其在武汉大学任教。朱湘得知后万分感动，他在与其他人的书信当中无不表露对闻一多的感激之情。回国后，朱湘被安徽大学邀去，没能来与闻一多共事，可这份情谊就此在他心中种下。

大气之人，必有不俗个性。闻一多直爽的性格决定了他不会去做些攀拥之事，学校内分帮结派，而他则独来独往，并未投靠其中的任意一个。他也晓得，这些复杂的人际关系是他不擅长的，未免成帮派斗争的牺牲品，对此最好敬而远之。然而，他的"洁身自好"却难保持。

其时，王世杰担任了武汉大学校长，新聘用了一位叫刘华瑞的教授，他写了一篇名为《江汉文化》的文章，打算刊登到校刊之上。闻一多在审查的时候，觉得《江汉文化》只描写了一些关于太极之类的东西，与"文哲"相距甚远，便直接否定了这篇文章，刘华瑞对此自然大为不满。

雪上加霜的是，有学生表示不满谭戒甫教授的庄子，闻一多作为院长，便去劝说学生，谁知刘华瑞竟然私底下挑唆。不止于此，为人小气的刘华瑞还怂恿跟他学拳的学生张贴标语攻击闻一多。

风起云涌，暗潮不断。学校内早就分成各个小团体，都窥探着闻一多的院长之位。有的冷漠不理，有的私下暗喜。面对这等现实，闻一多痛心不已，眼见辛苦打拼的学校竟然成了乌合之众聚集之地，心痛之余，他贴了一张布告声明将辞职，更表示自己对文学院院长一职毫无留恋之意，言辞颇为激动。

一些教授聚在一起，嘴上说要处分为首的学生，心中却不以为意，只有陈登恪直言黑幕。校长王世杰也曾出面挽留，可神色冷漠，毫无真心，心灰意冷的闻一多离去之意更深了。终于，1930年暑假还未开始，闻一多便决然离去。

在武汉大学任职，闻一多可谓尽心竭力，他提议将新校区的地名改为更有诗意的"珞珈山"，直至今日，名字仍被沿用。闻一多离职后，唐义精——武昌艺术专科学校校长，曾打算聘用他，但那时的他无心从事美术方面的工作，便委婉谢绝了。

埋头勤干却不抵暗箱操作，位高便招人窥伺，与人相处不慎，终是无成。南京、武汉，相处虽短暂，但也能看得清人情世故的。无情之地何故多情逗留？于是，闻一多甩身离去，打算去寻另一片崭新天地！

3. 拂袖赴青岛

离开武昌，闻一多再次回到了上海。在上海，他遇见了杨振声。

杨振声原是清华大学文学院院长，因受南京教育部的指派，前往青岛筹备建立青岛大学，而他此次来上海，主要目的便是招揽人才。

闻一多的才情，杨振声本就十分欣赏，此次上海之行能偶遇闻一多，自然心生招揽之意，便表示希望他能前往青岛大学任教。杨振声盛情邀请，闻一多却生出了犹豫。

青岛大学那会儿还未成立，这与此前武汉大学相似。闻一多想起在武汉大学的经历，不由得心生介怀。只是，杨振声与他交好，如此盛情不好辜负，加之杨振声还向他描绘了青岛的美景，不经意间，闻一多的心活了。恰好梁实秋正有去北平省亲之意，便与他一同前往，打算看看这青岛究竟是如何之美，能让杨振声对此赞不绝口。

白墙红瓦间点缀着些翠绿，郁郁葱葱之间零星散落着五彩宝石，这边是褐色的土，混着清新的草香；那边是蔚蓝的海，夹着悠扬的鸟鸣。黄昏时分，这片蔚蓝便会披上绚丽的霞帔，昏黄的船灯也化为耀眼珍珠。灯红酒绿之时，还依稀能听见哗哗的浪涛声。刹那间，闻一多爱上了青岛。

1930 年 10 月 21 日，青岛大学开学。

以往所积累的经验，使得闻一多自有一套教学方法。他授课如同诗人一般，感情丰沛，朗诵亦是意境深远，一字一句之间都夹杂着自己对诗的理解，学生也能感受到这位老师身上的浪漫气质。

　　闻一多也希望自己的学生能带着感情去完成作业。但凡学生倾注了浓烈情感的文章，他都能给予优秀的成绩。

　　他授课的内容之中有"唐诗"，早在美国时，他就对此很有研究，并积累下了相当多的经验。只是在留学期间，忙着完成课业，对唐诗的研究也就搁置在一旁，这一停便是好几年。

　　而今，青岛安逸的生活让他又有时间、精力去再次研究。这次，他也将研究面扩展到整个唐诗，不再局限于个别诗人。

　　1931年，游国恩来到青岛大学。他主要研究的是《楚辞》，遂邀请了闻一多与他一同研究探讨。在不断深入地探究中，闻一多渐渐发现了《楚辞》的魅力所在。慢慢地，他竟成了这方面的专家。

　　除了唐诗、《楚辞》之外，闻一多还研究起了《诗经》。自古便有众多学者研究过《诗经》，闻一多想到，此次研究若仍用古法，恐怕难有成就。中国文化博大精深，采用寻常之法，进展势必缓慢，他决定采用西方学术研究方法，来探索古典之意。

　　之后，闻一多再度埋头研究起来。那时，他的妻子因需分娩便回了武昌，他一人独住。也正因如此，闻一多研究起来更加无所顾忌。梁实秋前来探望时，看到书房的杂乱之景不免惊讶，四处堆叠的都是有关《诗经》的典籍，竟无处落脚，闻一多只得搬掉椅子上的书，梁实秋才得一座位。

　　醉心学术，生活自在。闻一多似乎找到了属于自己的路，可这般风平浪静之中，也并非毫无纷争。他在青岛大学任教两年，学校发生过3次学潮。原本参加过五四运动的他十分理解学生的行为，但作为校方领导，不免要与学生发生一些摩擦，虽然无可奈何，却也令他痛心。

　　1930年11月，第一次学潮爆发。

刚刚开学不久，校方便发现有学生报考时的文凭系伪造的。按照规定，使用假文凭的学生要被开除学籍。全校近一半的学生都使用假文凭，他们认为只要考上了就应该有资格读，因此多数学生反对学校的决定，并罢课示威。闻一多虽并不认为使用假文凭的行为就是恶劣，但对学生罢课极为反感。

1931年"九一八"事变爆发后，第二次学潮随即炸响。

东北沦陷了，爱国青年纷纷南下，打算为国出力。青岛大学成立了"反日救国会"，闻一多也在之后的校务会议上赞成组织青年义勇军。在此之后，他还同意了几个离校参军的东北学生的请求，且保留了他们的学籍。

是时，全国人民都在积极抗日，蒋介石却选用"不抵抗"政策，他将希望寄托给国际联盟。国际联盟虽为此召开了数次会议，并多次发表声明，要求日本撤军，可终究只是一纸空文，没人愿意为此与日本开战，这更助长了日本的嚣张气焰，他们继续攻击中国。而为求安保，国民党政府竟然将锦州化为中立区，全国人民愤怒了！

继"九一八"事变之后，日本又发动了"一二·八"事变，国民党政府匆忙逃窜，仅余十九路军顽强抗战；2月14日，张治中带领第五军支援，抗战人数不足4万，蒋介石也没有出兵支援，而日方则不断有后援部队赶来，敌众我寡，情况十分不利。

之后，国际联盟出台了《上海停战协定》，取消了中国在苏州、昆山到上海这一块区域的驻兵权。国民党政府在协定书上签了字，这更加重了国家的危急处境。

学生认为，在如此严峻的形势下，一边担忧国情，一边还要学习和应付考试，这势必会影响考试结果，故而要求学校修改学则。期末，学生成立了"非常学生自治会"，抵制"学分淘汰制"。

此时，杨振声因无法取得教育经费而自责，提出辞呈之后便去了北平。闻一多则受学校老师们的托付前往北平，希望劝杨振声回来。不曾想到，回来之后，面对他的竟是全校学生的声讨。

6月22日，为抵制第二天的大考，学生们罢课抗议。校方随即召开校务会议，决定推迟大考时间，同时开除自治会中的9名常委。得知消息后，学生们暴怒了，他们认为这一切都是闻一多的错。

24日，学生们来到杨振声处，要求取消学分淘汰制并开除闻一多；25日，他们印发了《驱闻宣言》，称闻一多是"准法西斯主义者"。学生们的情绪一再激化，曾威胁若不改学则，全校学生便要休学一年，校方竟同意了这样的"无理要求"，这使得矛盾再度激化。

彼时，驱逐杨振声、梁实秋、闻一多、赵太侔的传单散布全校。6月末，杨振声辞职，闻一多与梁实秋、赵太侔也一同离校。

沮丧之情早就盖过愤怒，与之前一样，闻一多离开时一身疲惫，任劳任怨也无人理解。

4. 重返清华园

经历了武汉大学、青岛大学的纷杂之后，闻一多焦灼不堪，他离开了青岛，回到了十年未见的清华。

那时的清华，也才刚刚脱离苦海。

1928年时，北洋政府垮台，清华大学也从教育部直属转到了南京政府之下，罗家伦成了新一任校长。他推行国民党党化教育，模仿西方学校，设立了董事会，学校的开支也缩减了。清华全体教职人员，以及全校学生对他进行的这一系列措施表示强烈的反对，因为他的这些整改，难以维持清华的运营。

次年 5 月，清华再次交由教育部专属，罗家伦设立的董事会也随即被取消，同时清华的经费也交给基金董事会管理。

1930 年，"中原大战"之后，罗家伦因为失去了政治依靠被迫离职，乔万选被任命为清华校长，但遭到全体师生的反对。一年之后，梅贻琦填补了一直空缺的校长之位。

起初，校长梅贻琦让闻一多当中文系主任，考虑到之前的遭遇，闻一多婉言拒绝了，他坚持只做学术研究。当时，一同聘请的教授之中还有闻一多的旧识顾毓琇，此人早年求学美国，酷爱诗词创作。这次相逢也算是旧友间的重聚了。

学校于 9 月 7 日开学，与闻一多共事的还有朱自清、刘文典、陈寅恪等，都是十分有才情的知名学者。其中，闻一多与朱自清的感情最为深厚，两人是在开学后的第二天认识的，从此友谊之花便盛开了 14 年之久。

开学之后，闻一多便投身于学术研究之上。武汉大学、青岛大学的遭遇对他影响极大，于是他决定一开始便与纸笔为伴。有此想法的另一个因素，在于中文系任教的几位教授中，只有他并非中文系毕业，同时当届的学生当中，出书、发表过文章者也不在少数。

闻一多是诗人，以诗闻名，可在他眼里，出诗与出书相比多少有些逊色，所以他才专心研究。他知道自己的不足，若再不拼命钻研，恐怕会被学生嘲笑。

1933 年，闻一多搬到了清华新盖的教授住宅，也随即接来家人同住。每周除了授课时间，其余时间都用于研究。自青岛任教之后，闻一多便抓紧了唐诗的研究。清华内藏书丰富，这为他提供了很好的研究条件，在清华的这些年，他在唐诗上的研究成果最为突出。

而对《楚辞》的研究，并没有因离开武汉大学而终止，他对《楚辞》的痴迷程度丝毫不减当年。虽然离开武昌，他仍然与游国恩保持通信，彼此都视为知己，一旦在《楚辞》上有些许成果，必是书信告知。

除了常规研究，对《楚辞》研究的趋势，闻一多也十分重视。清华历史系的钱穆教授曾发表《楚辞地名考》一文，闻一多研读精细，并很认真做了批注。此外，闻一多教授的课中有一门选修课"楚辞"，中文系的学生本就不多，选修楚辞的更是少之甚少。

学员稀少，闻一多倒也不在意，照样认真授课。也许是因为人少，他教得也比较慢，讲得十分细致，几乎是逐字逐句讲解，精细地教授，花去了半年时间才讲完《天问》。后来，越来越多的学生对《楚辞》产生了兴趣，选修的人也愈来愈多，于是闻一多特意将课程安排在晚上7点。夕阳西斜，昏黄的灯光下，讲解楚辞古典，从悠闲自得到抑扬顿挫，从摇头晃脑到来回踱步，自有几分古韵在其中。

来到清华之后，闻一多过得也很舒心，少了些繁忙，多了些雅致，唐诗、《楚辞》的研究也都在到了清华之后有了进展。自由支配的时间多了，闻一多倒是并不急着让自己空闲，一有时间，便开始着手《诗经》的研究了。

闻一多研究《诗经》是有侧重点的，他将注意力主要集中在《国风》之上。他认为，现存的《诗经》并非最初版，从镌刻在石头上，继而转到木刻，时代相差甚远，文字也早就改变了，他鼓励将《诗经》中的文字重新用金文书写，这样不仅可以还原《诗经》本色，对古文字的研究也大有好处。他本人就曾用金文翻译了十多篇《诗经》内的诗歌，还用金文书写了《关雎》，将其送给好友当作新婚贺礼。

有此举动，必有根由。其实，在很早之前，闻一多就有一个愿望——将《诗经》里的字单个拆分，整理其古音古意，解释其意思，并将这些集合成册，编成一部字典。至 1937 年时，在清华任教 4 年的闻一多向学校提出申请，希望休假 1 年，他想在此期间里完成这部《诗经字典》，但不幸的是，在他递交申请后不久，"卢沟桥事变"爆发，他的计划全被打乱。

任教清华，对闻一多而言是安逸的，收入稳定，家庭和睦，在学术研究之上也取得了令人惊叹的成果。可日本的可耻野心，却打破了这一份安宁。

山海关失守，承德沦陷，日本加快了侵华的脚步，国人震惊的同时也担忧着中国的未来。

工字厅里坐满了人，连一向不愿参加教授会议的闻一多也赶来赴会，这天的会议异常严肃，每个人的表情都格外凝重。众人踊跃献计，激烈讨论，爱国血液在闻一多的胸口沸腾。堵在心中难受之时，思绪翻涌、情绪激动的他提笔写下了《失败》。

让闻一多感到无力的尚不止此，《塘沽协定》的签订，更让人心如死灰。

此时除了愤怒，还有无奈。闻一多心情极其压抑，除了为受难同胞捐款，缅怀伤亡战士之外，还能做些什么呢？无力感顿由心生。闻一多原本并不多问政事，但时局的动乱让他不得不处处留心。

面对日寇的不良居心，热血男儿怎能容忍日寇在中国这般放肆？要反抗，要斗争，要驱外敌！要成为一个混世中的民主战士！

第六章　烽火连天月

1. 辗转度岁月

心志难抒，万事掩口。人生的很多事都非一己之力可变更，随遇而安，往往能获得更好的开始。只是，一旦忘却了那份坚韧的心志，身体这躯壳还有存在的意义吗？闻一多不愿看到"国将不国"，但也只是不愿罢了，文人始终是乱世中的"点缀"。

国民党政府的一再退步，让日本以为中国软弱，可他们一再地欺辱最终得到的是中国人的顽强抵抗。

1937 年 7 月 7 日，中国的历史上被重重地挥上了悲剧性的一笔——卢沟桥事变爆发了，中国人民开始了艰苦卓绝的抗日战争。

"卢沟桥事变"爆发前，闻一多的妻子带着两个孩子回了武昌，此刻家中还有 3 个比较小的孩子和一个保姆赵妈。孩子无忧无虑，还像往常一样嬉戏，偶尔的炮弹轰鸣，也让他们早已习惯，可闻一多的心境与往常大不相同。

　　首先是孩子。妻子不在，孩子便少了人照顾，3个孩子又都年幼，赵妈一人顾及不来。闻一多本就不会照顾孩子，一下子照顾3个，着实让他为难。孩子的牵绊，已让他头疼不已，可更痛心的是当时的形势。

　　连天的炮声只会让他更为祖国担忧，这轰鸣也无时无刻不在提醒着他，中国危险了！思绪繁杂，心就更难以平静，看书不是，写诗不是，做什么都不是，沉甸甸的忧心无处安放。

　　彼时，清华之中，人也少了，大家都聚在图书馆交换着消息。有说要和的，有说要打的，不一而足。闻一多原想于假期编写字典，看着战事，一时半会是停不了的，他便生出南下的念头。

　　19日，闻一多带着3个孩子和保姆赵妈离开了清华。当时清华走的人并不多，多数抱着战事将停的心态。闻一多也是，只是他要"避难"，等着风头过去了后再返回，故此随身带了点钱和两本书。

　　按照闻一多的打算，离开清华纯是偶然，可他未曾想到，这一走竟是永别。

　　火车站里人声嘈杂，闻一多遇见了也要离去的臧克家。臧克家问："闻先生，那些书籍呢？"闻一多感慨道："国家的土地一大片一大片地丢掉，几本破书算什么？"闻一多说得大气，可说完之后，多少是落寞的。他在清华的书籍古典，全交由赵妈的丈夫赵秀亭看管，后来日军强占清华园，经多方交涉无效后，他的所有家当全都没了。

　　武昌成了闻一多暂时的落脚之处，此地当时还未受到战火侵袭，生活平静。

　　8月13日，淞沪大战爆发，致使大批国人从北方逃到南方。

其时，清华大学、北京大学、南开大学，在长沙组成了临时大学。

清华的同人路过南昌，也都来看望闻一多。曾经的学生自治会的会长王达仁也曾来看过他，他见到后热情招待，见面问的第一个问题便是当初被抓的学生是否都已放出。如此可见闻一多的心里是装着民众的。

10 月 2 日，朱自清路过武昌，顺道看望了闻一多。好友相见，格外激动，而在国家安危之时，一时之间竟是无话可说，只有短暂相谈。朱自清告诉他，学校已经在长沙临时组建了一个学校，但任课的教授很多都去逃难了，恐怕人手不够，希望正在休假的闻一多能延缓一下计划，伸出援手。

闻一多热情似火，自然不能袖手旁观，他爽快地答应了。12 月 23 日，闻一多来到长沙。短时间内长沙集众过多，因一时间无法分配而将一些分院改设别处，闻一多所在的文学院设立在衡山。

文学院被设立在衡山山脚，环境清幽，是做学问的好地方。与此相比，教师们的住宿条件便有些不堪了，原先规定两人一间，随着南下人员越来越多，最后就变成 4 人一间。闻一多他们住在曾经被蒋介石用作避暑的宅子，本应富丽一些，可因年久失修，天花板上的泥土时常掉落。窗子是木质的，看起来古朴雅致，开关动静极大，每当起风时，窗户就啪啪作响。即便如此，在当时那种环境下，还能有这么一个地方可供读书，确实难得，众人异常珍视。是时，闻一多开授《诗经》《楚辞》，一众学生十分欢迎。

9 月 23 日，共产党与国民党合作，全国抗日民族统一战线正式成立，更多的学生选择暂停学业，义无反顾地投入到革命事业中，或去投靠共产党，或去投奔国民党，几番下来，学校里的学生日渐稀少。

对于学生参军一事，外界看法不一。有人认为国难当头，应先顾及国家，学生正值青壮年，身体素质好，应该加入战斗队伍；而有人却认为，学生的主要任务是学习，应该优先完成学业。

双方观点中，闻一多更倾向于后者。他认为，战争爆发确实需要全国人民一同参加，参军固然是好的，但并不是表现爱国的唯一方式。除了参军，还可以在后方从事相关生产工作，抗战自然是好事，可更重要的是祖国的建设。基于此，他认为学生应当继续学习。

不过，对于留下来的学生该采用怎样的教育方法，老师们也各执己见。首先考虑到当下环境的变化，有人提议在传统教学的同时，增加一些战斗训练，这样既能保证知识的摄取，也可以达到健体的效果，假若校园内发生战事，也可进行防御。

闻一多并不赞同，所谓"一心不可二用"，要真一边教育一边训练，只会造成两边的失败，学生既然选择留下来继续学习，老师就应该像以前一样教学。

当然闻一多也希望能为抗战尽心尽力，但作为一名教师，上阵杀敌并不现实，他能做好的便是教导学子，指引他们建设祖国。

政府也需要像闻一多这样的优秀学者，那时政府也征调一些知名学者，在临时大学里就有人被政府征调。闻一多与其他教授一样等待着征调，他的好友顾毓琇被征调到教育部当次长，其后顾毓琇曾邀请闻一多加入教育部，但他婉言拒绝了。他宁愿只做一个教书先生。

2. 南迁苦与乐

1937 年 11 月 19 日，国民政府迁都重庆。24 日，日本轰炸长沙。闻一多担忧身在武昌的妻子，写信让她带着孩子去乡下躲避。

战事越来越不利，除了教学之外，学校暂停了其他事项。12 月 23 日，日军攻占南京。这结果也昭示着战局对中国愈发不利。

长沙越来越不安全，学校决定，全校迁至昆明，同时拟订了两种迁徙方案：一种是乘车，一种是步行。闻一多经过一番考虑，最终决定加入步行的队伍中。

步行的师生组成了"湘黔滇旅行团"，且为了旅途中的安全及顺利到达，旅行团完全采取军事化管理，由 3 个小队组成一个中队，3 个中队组成一个大队，整个旅行团由两个大队组成，共计 320 多人。

此次迁徙路程近 1600 公里，迁徙距离很长。如此路途让不少学生担心闻一多的身体。闻一多身体瘦弱，看似难经颠沛，蓬乱的头发更显苍老，而那时的他才 40 岁。

这次南迁，对闻一多的一生都有不凡的意义，让其日后的诗文著作甚至思想，都有了最本真的泥土气息。

他从小在家读书，之后便出国留学，回来后也是在各大城市教书，从没真正与中国农民接触过。此次有了这样的机会，也可以更好地看清祖国，更何况眼下国难当头，此番颠簸之苦是可以承受的。沿途所见，令他内心又不禁多生感慨。

2 月 20 日，旅行团乘坐几条民船出了长沙，次日中午到达沚口；24 日到达常德。队伍本打算 27 日开始步行，但这日打疫苗时，多数学生有了反应，只好临时改变计划，于翌日再租船去桃源县。

28日，日军空袭常德。在翻飞的碎片中，旅行团离开了常德，晚上抵达桃源县，接下来就只有步行了。一路颠簸，3月6日抵达沅陵。本欲继续前行，无奈7日下起了大雪，夹着冰雹砸了下来，没有办法，只能等天气好转了才能走。

当时，闻一多得知北平艺术专门学校已经转移到沅陵，故而当即渡过老鸦溪前去看望已是校长的好友赵太侔。沈从文也在沅陵，得知闻一多来了，特地摆了宴席。落难之时有朋友相伴，自是不胜欢愉的。几人谈天对饮，路途的疲惫也瞬间消于脑后。

3月30日，旅行团来到贵阳，受到了当地政府的款待。当地的百姓为这帮爱国学生的精神所激励，抗日的氛围更加浓烈。4月27日，大部队抵达大板桥，次日中午到达昆明，结束了为期68天的行程。

一路波折，自始至终坚持下来的教授只有闻一多、曾昭抡和李继侗，闻一多很自豪地告知妻子这一路的磨炼。而他那很有标志性的"胡子"，便是在这段跋涉之前留的。在大板桥时，他还与李继侗合影，相约等抗战结束了再一起剪掉。后来，日本宣告失败的那天，他果然剪掉了胡子。

在这段旅途之中，闻一多对当时的中国有了更加深刻的认识：落后的文化，破旧的泥房，饥黄的脸庞，这都是他原来不曾想到的。而一路上还有人抓壮丁的现实，则更令他痛心。沿途所见，坚定了他抗日的决心。

在昆明，临时大学又改成了西南联合大学，人数众多，校舍又不够，只好再将几个学院分设别处。文学院被设立在离昆明400里远的蒙自县。

蒙自县也是一个多难之处，距此不远便是中越边境，它曾是当初被迫开放的商埠之一，列强们争相霸占，当地的经济一再被破坏。自第一次世界大战之后，随着列强的相继退出，蒙自才慢慢恢复平静，唯有那一排排的空弃洋房，无声地揭示着当时的伤口。

当师生们来到这个县城时，一下就让这僻静之处热闹了起来。不过，闻一多很快便发现了问题。随着外国人的撤离，蒙自几乎成了空城，此处面积不大，人口稀少。也许是都在自家吃饭的缘故，这里没有饭馆，澡堂也罕见。

蒙自地方偏远，文化落后，少有纸笔，这些当地人用不到东西，对于文学院的师生来说又是必不可缺的。无奈之下，只好花费更多钱从外地购买。

那时的西南联合大学，准确地说并不是一所独立的学校，作为北大、清华、南开三所院校组合而成的临时性学校，它自有其特殊性。虽然是一所大学，但三所大学都保留着自己学校的规定、习惯，师资仍是各自学校的，只是暂时性地公用而已。而新招收的老师、学生，也是由这三所学校分别发放聘书、录取通知书。

不同地方的老师教书习惯、课程进度、学生水平都不尽相同，如此糅合，是难免出点岔头儿的。好在这三所学校的老师都有来自另外两所学校的，虽有些分歧，总体上相处还算融洽。

当时迁移的时候曾路过贵阳，也许是因为远离前线，贵阳明显没有长沙那么浓重的硝烟味。昆明离贵阳又有一段距离，虽然在抗战，但昆明显得安静多了，而蒙自又远离昆明，地处边境，离前线战火就更加遥远，与长沙的战火纷飞相比，这里宁静得犹如世外桃源。

闻一多很珍惜这动荡中的难得的平静，抓紧时间投入到学术研究中去。每天除了上课之外基本不出门，潜心研究，他的认真在当时也颇为出名。

五六月间，中国多个地方沦陷，日本开始向武汉发起攻击。闻一多面对铺天盖地的新闻报道，认为在这种接连受挫的情况之下，不应心存侥幸，更应该为中国的处境担忧。

早在前往昆明的途中，就有学生策划组织南湖诗社，他们来找闻一多，希望他能做他们的导师，闻一多满口答应。蒙自的平静，就让这诗社的热闹遮掩起来，他们隔三岔五举办座谈会，探讨诗的发展趋势，讨论新旧诗的区别。诗社还出过诗刊，有些诗，闻一多看了也觉得不错。

因为这里比较偏远，较之武汉的生活显然安全多了，不少老师把家人接过来同住。

战火纷飞，硝烟弥漫，家人不在身边，总是会担忧，更何况那边又不太平，每一次日军轰炸的消息传来，闻一多心头都是一惊。闻一多也开始打算。后来学校又迁回到昆明，他不等学期结束就先回昆明寻找处所，为家人的到来做准备。

3. 戏剧衍赤诚

8 月初，闻一多的妻儿来到了贵阳。闻一多受吴泽霖的邀请在贵阳讲课，月底回到昆明。

昆明虽远离前线，但战事吃紧，战线一直南下，昆明也开始变得不安全了。

彼时，全国上下全都陷入一片浓浓的抗战氛围，"打倒日本帝国主义"等标语随处可见。9 月 28 日，日本第一次轰炸昆明。

空袭警报响起，赵妈赶紧去立鹤、立鹏的学校。去了之后许久没有回来，闻一多越等越担心，最后自己也赶了过去。途中遇见赵妈，赵妈说孩子已经被学校疏散到城外。

城外比城内要安全，但闻一多还是担心孩子的安危，于是又急急忙忙往城外赶。空中充斥着日本战机盘旋的声音，发出一连串刺耳声音的飞机拉长尾巴，急速下降，几个黑点落地后，便炸开了花。

闻一多急着确认孩子安危，并未注意炸弹砸到了房子，致使飞溅的石块砸在了他的头上，一瞬间，疼痛感还没传递到大脑，他的眼前就一片鲜红了。闻一多满脸血迹地倒下了，好在救援队员及时赶到，对他的伤口进行了处理。

没过多久，警报解除了，闻一多乘着人力三轮车赶到医院进行治疗。这次的血没有白流，更加坚定了他驱日寇的决心。鲜红的血刺激着闻一多，激起了他的全部热情——要反抗，要战斗，要将人民群众的爱国热情推向极致！

闻一多看到了话剧的优势，决定以此为武器，转而投身到了话剧的创作表演中。

一位教授根据外国的剧本改编成话剧《祖国》，这部话剧主要通过一个教授不顾日寇的威胁，在日寇占领城市的情况下不畏艰险，舍弃往日恩怨，与学生、工人站在一起，一同抵抗日寇，最后光荣牺牲的故事，以此来传递爱国情怀。排练初期，前方传来了武汉、广州失守的噩耗，而汪精卫也逃到河外当了汉奸。带着对汉奸的极度鄙视，怀着满腔的爱国情怀，携着真切的救国愿望，闻一多及所有主创人员将自己爱国、抗日热情完全投入其中。

《祖国》在昆明最大的剧院——新滇大舞台上映，连演 8 天，场场爆满。精彩的表演得到了观众的一致好评，观看演出的国人皆感受到了话剧中的爱国元素。随着剧情的发展，多数观众的情绪也愈发激动，到了最后，全场观众高呼："打倒日本帝国主义！"

《祖国》的热映，将春城人民的爱国热情推至高潮。上海、重庆……祖国的很多城市纷纷刊登了剧照，报道了演出的动向。

除了《祖国》，曹禺的《原野》也掀起巨大浪潮。

《原野》的故事发生在北洋军阀统治时期，通过对处在水深火热中的农民想要反抗但又没有门路的现实，以及主人公仇虎为报杀父夺地之仇而展开的报复行动的描写，表现了封建迷信对人性的摧残。

《原野》首次演出于 1937 年，其时并未引起什么反响。而今，在局势混乱之时再排《原野》，可谓正逢佳时。闻一多、吴铁翼、凤子三人联名写信给曹禺，请他来昆明亲自指导《原野》，由此可见他们对该剧的高度重视。

曹禺同意了他们的请求，于 7 月 13 日抵达昆明。一众有志者时常聚在凤子的家中讨论，最后决定将场景设置、服装道具都交给闻一多和雷圭元负责。

因为《原野》受到大家极大的重视，闻一多也在道具、场景、服装等方面倾注了大量心血，他认真听取曹禺的建议，仔细分析人物的性格，后经反复推敲，制作出了精良的场景，恰到好处的道具，贴切的服装，这些都让《原野》更加吸引民众。

期间，闻一多的绘画天赋也发挥到了极致。阴森的密林，在他的笔下渐渐成形，幽怨恐怖，夹杂着神秘的气息，也难怪公映之后，大家都对这一幕记忆犹新。为了能制作出更符合人物身份、性格的服装，闻一多还翻阅了大量书籍，跑遍各大衣料店，如此用心，最后的热映之实也就可想而知了。

8 月 16 日，《原野》新滇大戏院如期公映了，瞬间便造成了全城的轰动，几乎所有人都为剧中复杂的剧情、精良的道具服装所叹服。该剧一样连演 8 天，场场座无虚席。原本将在第 9 天上映的《黑字二十八》，被热情的观众叫停，外界纷纷来信，要求再演《原野》，于是《原野》又连演了两天。

《原野》的成功，在云南话剧史上史无前例，此剧仿佛成了当时的时尚，这在中国近代话剧史上也十分罕见。显而易见，当民众的情绪与波动的时局相连，曾经的任何一种不可能都将变成现实。

乱云滚滚，一眼哀鸿。就当时的情况来看，中国节节败退，略显弱势，但中国人民对抗战最终取得胜利却充满信心。

作家茅盾曾在前往新疆的途中路过昆明，便与昆明的众好友相聚。刚到聚会地点，闻一多就急着向其他人打探武汉、广东的消息，担忧还在险地的朋友的安危。众人还就汪精卫叛变一事进行了讨论。

虽然汪精卫投靠敌人，当汉奸的行为令人可耻，但相反地，这无疑也是中国抗战的一大幸事。汪精卫本就无心抗战，他的叛变，致使他的势力一并逃离，其汉奸的心理得到了暴露，可以从他身上完全抽离出希望，免得误将他当成己方力量，倘若他于危难之际叛变，无疑对中国造成的损失更大。汪精卫就好比寄生在革命身体中的毒瘤，他存在，便就吸取革命血液；他的叛变、逃离，则形同剔除了毒瘤。

动荡之际，士兵有士兵的职责，文人有文人的使命，文人自是心比天高，总会用自己的方式为正义注入力量。刘兆吉当初从长沙到昆明的路途中，便不断收集民谣，最后制成了《西南采风录》的民谣集，闻一多为其作序。序中这样写道："我们能战，我们渴望一战而以得到一战为至上的愉快。"

这篇序处处表现着闻一多当时对日本侵略者的强烈控诉，战斗是必需的，胜利也是一定的。

闻一多的学生中有很多人奔赴前线，对于他们，闻一多格外关心，总是与他们以信件的方式联系，其中一人若是许久不来信，他便会赶紧写给其他人询问情况。虽然是一介文人，可闻一多的心却比前线的将士更刚韧。

4. 再为系主任

1940 年，闻一多结束了自己的休假期，并接到了清华中文系的聘书，原系主任朱自清准备休假，职位空缺，一众老师纷纷推荐闻一多担任此职。

对闻一多来说，能担任系主任一职应万分开心。可是，武汉大学、青岛大学的两次离职之痛，总在他面对学校职位时不请自来，搅扰得他心神不宁。最初，清华在聘请闻一多的同时就有让他担任系主任的打算，但闻一多对先前的事有阴影，便推辞了，这次再聘请，他自然是要回绝的。

在闻一多眼里，王力也是个可担当此重任的人才。王力率直，多言且有能力，故而他以自己"素性疏略"推辞。不过，他勤苦研究的形象早已于他人心中定格，众人不仅推荐他当系主任，还推荐他当评议会评议员和教授会书记。

一番考虑，闻一多将推荐王力的信件寄给梅贻琦，还写了封信给朱自清，信中希望他重新考虑这件事。朱自清与冯友兰再次商量，一番比较之下仍觉得闻一多是最佳人选。但闻一多态度坚决，冯友兰即致信于他，希望他再做考虑，梅贻琦也希望他不要再推辞了。

推辞不过，闻一多只能点头答应，却只同意担任个临时性的系主任。本来商定，在朱自清休假结束之后就将职位还给他，但朱自清回来后，健康状况不容乐观，为了能让他好好休息，闻一多只好继续担任，连连声明待其恢复后马上卸任。

闻一多到任后，曾发生过一件要事，耿直的他在处理上显得冲动，但仔细想来，他的做法倒也不无道理。直率之人，似乎实难如俗人般去虚伪了。

1942年4月，盐商张孟希的母亲去世，张孟希到联合大学找"狂人"刘文典，请他去为自己的母亲写墓志铭。刘文典本是拒绝的，因为张孟希在磨黑镇，而他在昆明，距离稍远，身为教师的他本就脱不开身。不过，张孟希"投其所好"，表示可为刘文典提供当地的鸦片烟。刘文典本身有烟瘾，当时物价飞涨，工资又不高，早已没有购买的能力，此时有这般诱人条件，他便兴冲冲地答应下来。

旁人获此消息后，便对此纷纷议论，觉得刘文典这么做有些偏失，可考虑到他身份不同，议论之声即偃旗息鼓了。刘文典系老同盟会员，又是清华改校之后的首批教授，很有资历，加之那些与他同时任职之人多少与他有些同窗之情，他本人又是清华的人，联合大学中其他学校的老师也不好多言。诸多因素叠加，致使很多人选择了沉默对待，静观变化。

此校若未有闻一多，刘文典前去磨黑镇一事也便作罢了。只可惜没有"如果"，刘文典的"狂"，碰上了闻一多的"直"。二人后期发生更尖锐的冲突，怕是也逃不了彼此性情的迥然了。

刘文典去磨黑镇之前，曾与罗常培、蒋梦麟打过招呼，但他去了之后，所待时日过长，课程进度受到了很大影响，闻一多觉得他的做法十分不负责任。故此，当清华大学决定续聘刘文典之时，闻一多便提出了异议，决定不给刘文典聘书。闻此，其他教授便为刘文典求情，但闻一多坚守己见。

很快，刘文典写信给校长梅贻琦，希望此事能有转机。不想校长也同意闻一多的做法，结果清华没有聘用刘文典。无奈之下，刘文典只能离去，后来去了云南大学任职。

其实，刘文典自己也没有想到，他去磨黑镇还有一件要事——掩护疏散学生。

"皖南事变"之后，联合大学中的一些进步青年去了磨黑中学教书，磨黑中学的校长正是张孟希，联合大学的学生在磨黑中学教书，这有利于他的势利发展，张孟希是个土财主，但也爱些风雅之事，于是联合大学的学生向其力推刘文典。刘文典来到磨黑镇之后，每天只教张孟希识几个字，其他便没有了。虽说如此，但从某一方面来看，此举却掩护了在那教书的联合大学进步青年。

这一事件可看出刘文典的"狂狷"——不在意他人眼光，但似乎更能体现闻一多的"直率"——是对是错，总要理出头绪这样的性格于那个黑白模糊的时代是好是坏，或许见仁见智吧。但有一点可以肯定，直率的闻一多，总会循着自己那条正路一往无前。

在担任系主任期间，闻一多总能肩挑重任，是他分内之事，从来都义不容辞。

1939 年时，清华便打算筹建文科研究所，原因是清华之前成立的研究所大多与理工相关，而在联合大学中，各校的研究所又是相对独立的，因而成立文科研究所势在必行。然而，直到 1941 年，担任中文系主任的闻一多方才主持筹建。

文科研究所设立在司家营，离县城虽远，倒也落得清静，受日军飞机轰炸的概率很小，同时司家营中还有南迁而来的北大文科研究所。除此之外，北平图书馆、北平研究院也都在此，这就为文科研究营造了很好的学术交流场地。一切整顿就绪，工作随即展开。

校长梅贻琦亲自修订了文科研究所的研究目标，可见清华对文科研究所的重视。相对于哲学部、历史部的任务，文学部的目标显得沉重多了。可惜的是，就在大家如火如荼进行之时，闻一多便损失了一名得力助手——李嘉言。他是清华大学的毕业生，在校担任助教已有6年之久。闻一多虽多次为他进言，但助教的工酬实在太少，李嘉言最终还是决定离开。闻一多虽有不舍，也只能作罢。

闻一多对待工作严谨且尽心尽力，他还很用心地提携有才华的晚辈。

联合大学的毕业生刘兆吉，曾写信给闻一多，谈到了自己对《乐府·孤儿行》中一句诗句的看法。他在信中的描写、推论虽略显生涩，但稍稍推敲之后，也是一篇佳作，闻一多看完后觉得很具有说服力，稍加润色后就寄给了《国文月刊》，并署上了刘兆吉的名字。刘兆吉万没想到，一封求疑的信竟然会被推荐到高等刊物上去，顿时，对闻一多的敬仰之情愈加强烈。

闻一多在做学问、研究上不拘小节。一般的学者，对自己的研究成果自然是视为珍品的，对自己而言，那就是世界上独属自己的东西，绝不可外借。闻一多却并不这么认为。

一次，闻一多把《诗经长编》借给了一个连姓名都不知道的学生，稿件很久都没有送回来，直到第二年开学，这些手稿才被送回。可想而知，这位学生肯定抄袭了这篇稿子，闻一多对此并未追究，后来与朱自清谈及此事，也只是说这稿子没消息的日子里是有些担心的，此外别无他意，全然没有责怪的味道。

　　再有，后成为东北师范大学文学院教授、古籍整理研究所所长的何善周，之前做过先秦两汉文学史参考资料的选注工作，闻一多对此也有研究，便把自己有关的研究手稿全都借给他，供他参考。他还很大方地将自己多年研究唐诗的成果全都送给离开清华的李嘉言，不仅是大度借资料，时而还会热心地帮他们修改论文。

　　闻一多为人慷慨大度，给予他人的不是物质，而是饱足的精神食粮。当然，这位良师也并不屡屡对自己的学生万般"依顺"，有时也会做些"恶作剧"让这些年轻人认识到做学问的辛苦。

　　他的学生郑临川在写毕业论文时，发现自己所找的资料实在太少，便去求助闻一多。原以为闻一多会表现出一向的"有求必应"，而闻一多对他所言，也大抵是这个征象：他让郑临川寒假时到文科研究所一次。郑临川以为是要传授方法呢，自然很高兴就去了。不曾想，到了那好几天，闻一多非但没有给他提供半点资料，就连平时的指导都没有。闻一多只让他去书库里自己翻阅。

　　一连半个月，郑临川看着自己所得甚少，随便编了个理由打算回家。闻一多一听，自晓得这理由是虚构的，也没有拆穿，只是让他在午休时找自己。

　　那日中午，闻一多的书桌上摆着厚厚一摞资料，都是有关唐代诗人的，里面尽有他可用之材。随即，闻一多苦口婆心，告知其做学问绝非一日之功，路是宽是窄，就看自己怎么去走。一番贴心之语，让郑临川愧疚万分，但他更多的情绪是对闻一多的感激。

　　于清华任职期间，闻一多鞠躬尽瘁，或许，他希望自己所做的每一分努力，都会为年轻的一代人内心输入最强的能量，以待他们能不待扬鞭自奋蹄！

第七章　艰苦换新生

1. 身苦心未动

凄苦年光，穷苦如同一种传染病，感染了一座一座村落。没有土地，没有靠山，面对日益上涨的物价，除了刨野菜、嚼树皮，糊口无门。这般惨景不仅存于乡村之中，即便是城镇里，亦是一片狼藉。

抗战阶段，物资匮乏，物价飞涨。那时，整个中华大地以昆明物价最为昂贵。闻一多的工资在克扣之下已所剩无几，面对飞涨的物价，家中还有八口人要吃饭，一心投入研究的他于此境况中，不得不做起了小生意——"匡斋印存"。他不曾想到，当初只为打发时间才练的刻印，眼下却成了糊口的手段。足见当时文人们的落魄生活。

1940 年，闻一多搬至昆明小东门，他的假期尚未结束，便继续住在那里，他弟弟闻家驷一家也在此落脚。

一日，日本的轰炸机再次对昆明连番轰炸，防空警报尖锐刺耳。闻一多家的后院有一个防空洞，听到警报，大家急忙躲了进去。四周轰隆隆作响，飞溅的石土，砸得乱物噼啪作响。一家人紧张得憋红了脸，冷汗从额头渗出，黏在脸上。

头顶是飞机盘旋，防空洞里是紧张的心跳，一个索命，一个保命，真是要命呀！终于，警报解除了，大家走出防空洞，本来松了一口气，眼前的景象又让他们害怕起来——院子里，一颗炸弹砸在正中间。

炸弹最终没有爆炸，虚惊一场而已。虽是虚惊，为了安全起见，闻一多还是决定搬家。先搬到骡马店，可环境不好，后来又迁至陈家营。几经辗转，家里已没有多少东西了，除了一些必需品及一些书之外，再无其他。孩子们也帮忙搬，一人一件，顷刻完毕。

陈家营环境尚可，离省城较远，遭到再次轰炸的可能性较小，这些外界因素多少能让一家人宽心。只是，囊中羞涩的现实，让一家人紧皱眉头。一家八口全靠闻一多的薪酬，但他的工资就当时的物价而言实在杯水车薪，常常提前拿到工资也不能缓解当时的困境。无奈之下，便只好再向他人借助。那个时节，其他老师的生活也同样过得清苦，能借给他的少之又少。

家中能典当的，大多都拿去典当了。那件陪伴闻一多走过多年严冬的皮大衣，也难逃典当命运。那年冬天，恰逢天气不好，异常寒冷，闻一多当完衣服之后就生了重病。当初在清华的细软此时也都没了，无奈，他只能将自己当初带来的古籍卖给学校。

闻一多是爱书之人，竟然逼得他去卖书，可以想象他那时是何种心境。即便如此，闻家上下也只能勉强糊口，饭桌上常见的是白菜，豆腐对当时的他们而言已是奢侈的食物，就更不用说肉了。通常，一家人连着几个星期也不见一点肉沫。

　　日子过得艰苦，闻一多的精神却很乐观，他常常将自己的状况与前线的士兵相比，一想到他们那样不顾生死，反觉得清苦的自己是幸福的，起码没有性命之忧。

　　闻一多是家中的顶梁柱，要常常想办法改善家里的生活条件。他与孩子们一起到村里的小河边洗漱，无意间发现河里有鱼虾，便捉些回来，改善伙食。他还捉过蚂蚱、田螺、田鸡，偶尔的野味，倒是为苦日子增色不少。

　　穷欢乐是不得长久的，闻家后来再搬到司家营，生活条件更差了。当时，罗隆基辞去了教授的职位，做起了茶叶生意，他知道闻一多生活拮据，便请他为自己画些广告，然后再付给他报酬。

　　那段艰难的岁月里，考验的是闻一多的生存能力，更是人性底线。生活窘迫，但他所有的钱财都靠自己劳动所得，从不"坐享其成"。他有一个商人朋友，了解到他的困境后便邀请他一起开店，只需闻一多挂名即可分红，闻一多婉言拒绝。商人朋友也了解闻一多的秉性，便给他出了主意，让他开一家刻印店。也正是由此启发，闻一多才开了"匡斋印存"。

　　有了门赚钱养家的手艺自是不错，不过生意并不易做。云南地区象牙很多，大多数人都要求象牙雕，象牙十分坚硬，刻起来又麻烦又费时。闻一多想了好多办法，可都不成，最后只好硬生生刻下来，手指却屡屡被磨破。

　　闻一多不怕吃苦，再难也会坚持。他有绘画功底，加之在古文字的研究上颇有造诣，印刻出来的古文字特别有线条感，很美观。

　　闻一多的制印生意起步时并不好，他制印技术好，可前来制印的人并不多。思前想后，他就在一些书店、笔店张贴广告，他的朋友也热心介绍客人，逐渐地，他的生意也做开了。最初，石章定价每字100元，象牙章每字200元，后来随着物价上涨，石章涨至每字1000元，象牙章涨至每字2000元。价格虽高，可闻一多高超的技术依然受到很多人的欢迎，也能小赚一笔了。

闻一多依靠篆刻赚钱，却毫无市井之气，时常赠予好友印章，或许是想让友人分享自己这份"苦中作乐"吧。

民众生活疾苦，皆因社会不安，而时局之动，素来不定。

1944年，美国对中国予以空军援助，昆明暂时没了空袭的危险。住在司家营的闻一多，每次去联合大学上课都要步行很远，他开始考虑搬到县城。

当时，昆华中学请闻一多前去演讲，何炳棣为昆华中学兼职教师，闻一多与之相识，便提出请求，若到昆华中学任职，则必须有一间房子。何炳棣随即向当时的教导主任李埏诉表明闻一多的心迹，而李埏再找校长徐天祥，徐天祥最终应允。虽经一番波折，好在一家人搬到了昆华中学，这为闻一多行了大方便。那时，闻一多一人两职，薪酬见长，生活条件较之前亦有颇大改观。

不经历，难成熟。闻一多自美国回来那会儿，虽几度离职，但就当时的物价与他的薪酬而言，他的生活十分不错。彼时，他尚未经历过疾苦，不明白下层人民的艰辛，这也可从他早期的作品中看出，其中虽有控诉，可都不是站在下层劳动人民的立场上。他自己也曾说过，没有见识过农村人民的艰辛，始终觉得与中国文化有间隔。

而自抗战以来，闻一多亲身经历了下层人民苦难的生活，看清了很多现实，他开始疑惑，为什么有人不顾自己同胞生活的艰辛而大发国难财？为什么有些人在本应众志成城之际选择逃离当汉奸？他在思考，究竟是什么造成了今日这番现状？

尔时，生活已不再如先前那般安逸了，闻一多对事物的看法也发生了改变，从先前中层阶级到现在的下层阶级，这都是生活对他的考验。这种考验，也让他开始过上了新的生活。

活，就要活得有价值；活，就要活得轰轰烈烈。仅仅满足于温饱，这样的活太过卑微，是对生命的亵渎。每个人都要认真地活，像火焰一般，猛烈地、跳跃地，一直向上！

2. 时代新鼓手

时间一直在流逝，观念一直在改变，所谓的传统，也会在新的观念升起的同时与之融合，传统不是原来的传统，观念也不再是往日的观念。一切都在时间的洪流之中改变，一切都在改变之中面对新的起点。闻一多希望中华大地改变，一如他希望自己也会有新生活一样。

是时，联合大学聘请了一位名叫罗伯特·白英的外国人担任教授，他对中国近代的诗有非常浓厚的兴趣，遂邀请闻一多、卞之琳等人一同合作编写《中国诗选》。

许久没有认真看诗的闻一多，信手翻看起朱自清从成都带回来的诗——《晋察冀向你微笑》《自由，我们来了》，这些看似口号的名字吸引了他的注意。一番细细品读，竟对此产生了强烈的共鸣。

闻一多研究过很多类型的诗，对古诗、新诗都非常熟悉，他自己在诗上也有很高的造诣。但是，偏偏未曾仔细研究过这写大街小巷的街头诗。那一瞬，当初被忽视的诗，此刻却像得了生命一般，扎根于他的心间，律动的枝叶，有节奏地敲打着他的心扉。慢慢地，街头诗爬上了闻一多的心头。

他将街头诗比喻成"时代的鼓手"。

做新诗时，一开始讲究词句的考究，它仿佛是一幅结构严谨的画，宛若一个模板，束缚着接下来的诗。然后，就是一些无病呻吟，为作诗而做的诗，看似华美，但华而不实，没有内容。而街头诗给人的感觉却与之完全不同。

它质朴，没有修饰，没有一点多余，它要表达的，它想传递的，就是它字里行间的意思，它不需要你仔细研究，挖掘深意，它就是那么直接、干脆、简短的句子，可传递的却是坚定的意志。它是时代的鼓手，一下一下地敲打，一次一次地振奋，"打在你耳中，打在你心上"。在这个战火纷飞的年代，需要创造艺术的人，同时也是需要振奋人心、鼓舞士气的人。

闻一多将创造艺术的人比成是琴师，他认为这个时代，琴师仅仅是第二必要的，而鼓手却是第一必要的。这个年代里，琴师泛滥，鼓手却如此稀缺。

闻一多很少在课堂上讲课外的东西，而 1943 年暑假刚过，在开学的第一节"唐诗"课上，他却破了先例。他认为，自己在这些年里只研究历史古典，却忘记注视着时代的鼓手。只有包含人民心声的诗，才能成为时代的标记；只有可喊出人民心中之意的诗，方可流传千古。他说，在古代值得敬佩的诗人，也只有屈原、嵇康、白居易和杜甫了，只有他们才切身感受到了来自民间底层的需要，其他诗人不过是敷衍，或只是为统治者修饰的工具。唯独《乐府》《楚辞》《诗经》这样的诗歌，才是值得后世传颂的佳作。

"要诗歌健康、进步，只有把她从统治者手里解放出来，还给劳动人民。"谁才是历史的主宰，不是统治者，而是处在底层的劳动人民。民间疾苦，上层阶级的人是感受不到的，只有处在下层，融入其中，亲身感受，才能知道他们到底缺了什么，到底要什么。

在那节唐诗课上，闻一多突然做起诗来，慢慢变成了激昂的朗诵者。伴随着咚咚的鼓点，一声一声地涌向心里。一节课很快就结束了，闻一多十分惋惜，短短一节课，怎么能概括出自己想要表达的全部呢？这不过是自己感受的万分之一，他恨不得将自己的脑袋安在学生的身上，这样他们就可以充分地理解自己。

街头诗是新生的事物，它还在发展，甚至于人人都可以亲眼看到它的发展，它是时代的孩子，它的灵动，它的姿态，都是世人所能感受到的。正因为世人能感受到它，所以它才能成为时代的鼓手，才能将铿锵有力的鼓声打进时代的血脉。这最原始的鼓声，表达出了那个时代里最平凡的声音。

闻一多不舍地下了讲台，教室里外早就挤满了人，这都是被他时代的鼓声所吸引来的。"这听鼓的诗人将要成为擂鼓的诗人"，不断有人告诉闻一多，希望他能把这节课上所讲的全部写下来，他欣然同意了。

《时代的鼓手——读田间的诗》，在闻一多的热情浇灌下很快出炉，恰逢《生活导报》的编辑前来约稿，闻一多便把这篇稿子交了上去。这还是第一次有人公开赞扬解放区的诗人，而且还是出自一位著名学者之口，故此很快引起了人们的注意。不久，新一期的《生活导报》发表了，闻一多所写的文章引起了不小的轰动。

1943 年 3 月 10 日，蒋介石的《中国之命运》出版，教育部为了拍蒋介石的马屁，将他这本书吹捧上了天，还将这本书列为学校的必读书目。闻一多看完这本被教育部热捧的书后大吃一惊，他本人崇尚的是自由民主，但蒋介石在这本书中鼓吹的则是一个党、一个主义、一个领袖，这不仅与共产主义大相径庭，更与闻一多崇尚的自由主义相差甚远。

原本，闻一多一直很尊敬蒋介石，认为他就是中国的救星，他所主持的政府必定会带领中国走向胜利。然而，《中国之命运》这本书所描述的与"五四运动"的精神背道而驰，闻一多参加过"五四运动"，深受影响。此时获知《中国之命运》所代表的思想有违五四精神，这让原本尊敬蒋介石的他开始重新审视这位领袖。

当时，国民党的反共念头并未因统一战线的成立而撤销。当共产国际宣布瓦解之时，蒋介石以为剿共的目标可以完成了，遂调动60万大军，甚至本应该守在黄河边的抗日部队都一并被调集过来，为的就是彻底消灭共产党。

蒋介石的这一举动，背离了当初国共合作的初衷，这不仅使国共两方面的实力下降，还削弱了抗日力量，万一日本乘虚反击，那"抗日"必将前功尽弃。蒋介石的这一举动让全国人民震惊。

此时，在一个机关内兼职的立鹤，得知了墨索里尼被抓的消息，这无疑是国际反法西斯战争的胜利，国外是逐渐和平的局面，而国内还在内战，两相对比，国内渴望和平的民众愈发坐不牢了。

国民党的恶劣态度，使得越来越多人像闻一多一样，从原来支持国民党转变为支持共产党。他们呐喊着和平，呼唤着和平。闻一多在写给臧克家的信中如此写道："……我有了把握，看清了我们这民族、这文化的病症，我敢于开方了……"

多年的疑惑，一朝就变明朗了。为什么本应团结一心的时候却有人叛变？为什么原本就该反抗的时候却选择妥协？是什么让和平离我们越来越远？是什么让我们分化而且越来越极端？

是我们民族中的病，是我们文化里的劣，就像没有完美的人一样，我们的文明也不是完美的，它存在着缺陷，既然看清了这深扎于民族文化的劣根，那就大胆地将它指出来，剔除它，让我们的文明趋于完美，迎接渴望的和平！

3. 勇斗复古风

前进，意味着除旧迎新，新生才是主调，唯有更新，才能长久。

不管哪个时代，年轻人是最容易接受新思想的群体，新观念也由此中来。对于一直与年轻人接触的老师，自然便是深受影响的群体。而愿意打破传统观念，接受街头诗这类新生事物的闻一多，就自然而然地被冠以"新老师"的称号，也更容易受年轻人的敬爱。

在学校，学生中的几个先进分子打算成立诗社，遂理所当然请来闻一多这位"新老师"。每个周末都有几个来自不同专业、不同年级的学生找他，大家围坐在一起，讨论诗社成立的相关事宜。

有时，他们会各自拿些自己创作的作品朗诵，并请闻一多现场点评。每逢这时，许久没有写诗的闻一多也会耐心地指点一番；有时，他们也会商讨以后诗歌的发展方向。闻一多建议大家写诗时要带有时代气息。诗人是情感的宣泄者，他写出的每一句都应带有自己的感情，要为自己所说的、所写的负责。

诗人发表的诗，首先要带着自己的感触，其次是让读者有共鸣，但有可能，诗人的感触仅仅停留在自己本身，如何才能让更多人与自己产生共鸣，完全仰赖于时代气息。

同一个年代里，经历了什么、遭遇了什么，也只有与你一同经历过的人才能明白。为自己的感触加上时代感，自然就有更多人对此感同身受。闻一多告诉他们，诗人要切记无病呻吟，没有灵魂的诗，不仅浪费了自己的时间，而且也浪费了别人对你的感情。他要求诗社里的每位成员不仅仅是创作新的诗，还要当新的诗人。

那会儿，迁至昆华中学的闻一多离学校近了，诗社的学生就经常到他家中开朗诵会，相互评价。与他们在一起，闻一多没有老师的架子，玩闹如常。学生们到底是有些拘谨的，让闻一多坐在床上，他们坐在草垫子上。可没多久，闻一多便挤过来与他们同坐，笑称："我是来取暖的。"这种平易之气，霎时在学生心中漾出暖暖的水花。

诗社成立不久，便得到越来越多人的欢迎。它不仅仅是一个学校里的社团，业已发展成一个在昆明范围内极具影响力的团体，除了大学、中学的学生加入，就连已工作的职员，大学、中学的教授、老师也都来加入进来。诗社正式成员并不多，但每次朗诵会总会有一大群人赶来参加。

金秋之际，诗社召开了成立半周年的纪念晚会，到场成员有200多人，其中有14人是教授。由于大多都不是正式成员，大家便决定先自我介绍一下。会堂很大，人也很多，前几个人的介绍都听不清楚。轮到闻一多时，他便站起身，大声地介绍道："我叫闻……一……多。"

闻一多的介绍形式，很快得到了大家的效仿，他是众人中最后一个朗诵的。压轴的闻一多朗诵得激情澎湃，他浑厚的声音加上韵味十足的朗诵，一再将晚会推向高潮。末了，闻一多做了总结：诗，只有接近大众的生活，才能得到所谓的成功，不单单是要接近，还要将它融入生活，它应该跟宗教一样，成为人们的信仰，若人人都尊敬它，它自然就有了未来。

若说之前的闻一多在思考、疑惑，茫然到不知所措，那么此时的他则找到了自己前进的方向。有了新目标之后，他的创作思路如泉涌般，一连发布了数篇文章，这也坚定了他前进的脚步。

他觉得，文学必须吸取历史中的教训，唯有经历几番沉淀才可能前进，维护旧习，只会让文学停滞不前，而它本身的缺点也会愈来愈明显。敢于对传统说不，才是新时代青年该有的气魄。

是啊，年轻的他们，身上的朝气是历史无法改变的；朝气蓬勃的他们，骨子里的自信还未被传统磨灭，故此越来越多的人才开始摒弃旧习，并慢慢地形成了主流趋势。每个时代的主流趋势都是无法改变的，紧跟脚步，顺应着它，才不会被历史遗弃。而那些不愿加入其中、跟不上主流思想的，大多会在历史变迁的滚滚烟尘之中泯灭。

闻一多曾发表过一篇名为《复古的空气》的文章，他在其中批判了复古劣势。当今的主流即是树立新思想、新观念，复古明显是不顺应主流的一种表现，它的失败可想而知。他认为，"古"这东西，早就已经根植于每个人的心中，完全没有复的必要，而更应该看看怎么去学习新，怎么去接受新。

那一时期，闻一多从原本默不发言、静看变化的旁观者，变成了勇敢直言、高举更新旗帜的先驱者，这一切都得益于他观点的改变。他在《家族主义与民族主义》中指出，封建的基础即是家族主义。家族主义是以家族为基础单位，家族成员主要考虑家族利益，共同抵抗危害家族利益、侮辱家族名誉的一种意识，是与民族主义相反的一个概念。

由于各种反侵略战争的爆发，使得中国的民族主义觉醒，原本民族主义的兴起并未威胁到家族主义的利益，直到近阶段，民族主义的影响范围越来越广，已经与家族主义相互抵触，要想中国强大起来，就必须发展民族主义，作为阻碍中国发展的家族主义，自然成为被声讨的对象。是时，闻一多对民族问题更为关注。

1944 年，国民党将青年节定为 3 月 29 日——黄花岗起义纪念日，此举意味着原本的五四青年节纪念日被取消了，这让当年参加过五四运动的人难以理解。联合大学中的很多老师都系五四运动参与者，国民党政府的这个决定掀起巨浪，也让更多人意识到五四运动的意义。

同年 5 月 3 日，联合大学召开五四运动 25 周年纪念活动。闻一多、张奚若等当年参与者都参加了这次活动，他们分别叙述了当年参加五四运动的情景。历史学家雷海宗说，学生的本职工作就是读书，不应过多参与政事。不想，此言一出，即遭到众人反对。闻一多激动地争辩，他认为眼下的中国文化是在倒退，老旧的学说万万要不得，中文系的任务就是看清它的缺点，阻止文化的倒流。

5 月 4 日，联合大学组织了闻一多、朱自清、杨振声、罗常培、冯志远、李广田 6 位教授，召开了一次以五四运动与新文艺运动为主题的座谈会。一次座谈会聚集了这么多专家，且有数百人参加，实属难得。最初，谁也没料到会有这么多人参加，所安排的教室根本容不下如此之众，遂又临时将座谈会改在图书馆，但仍无法全部容纳。

5 月 8 日，座谈会重新召开，除了当初的 6 位教授之外，还邀请了沈从文、孙毓棠、闻家驷、卞之琳。到场的除联合大学的学生，附近的中法大学、云南大学的大学生以及一些中学生也来参加这次座谈会，到场人数达 3000 多人，座谈会地点安排在图书馆门前的大草坪上。

会上，闻一多身立讲台，热情地演讲着。此时的他，已不单单是个演讲者，他早已化身为一名批判传统"吃人"文化的批判家、战士，他以自己强大的气场，惊人的气魄，感染着在场的所有人，听众、教授无不真心为他鼓掌喝彩。

大会末了，闻一多站起来，号召大家重整旗鼓，再次讨伐"孔家店"。褪去了老旧，收获了崭新，一个新的时代直挂云帆！

国人之心，本就是齐的，只是缺少了组织者、号召者，才会显得杂乱散漫。闻一多激情的演讲，调动的是民族深处的积极性，勾起了人们的反抗意识，他用自己的蜕变，为接下来的民主运动打下根基。

4. 诤言引暗流

幽静的山谷，只一声惊雷便可唤醒熟睡的生灵；沉默的人类，只一声怒喝即能唤醒心中良知。不安现状，就去打破现状；不想倒退，那就迎头猛进！

自皖南事变之后，很多进步青年都逃到外界避难。一度沉寂的昆明，逐渐有了忙碌的身影。年轻的、充满朝气的声音，一点一点地跳跃在平静的声线上。抗日战争七周年纪念日，原本逃离昆明的学生又回来了，经过一番爱国思想的洗礼，越来越多的进步社团开始高举民主旗帜。国共之间的矛盾，也因美国出面调解开始缓和，越来越多的学生关心起政治。

云南大学的"至公堂"里汇集了来自联合大学、中法大学、云南大学等学校的师生，这里即将召开"七·七时事座谈会"，到会之众堪比之前的五四座谈会，甚至有过之而无不及。潘光旦形容当时的盛举可谓是空前的。

座谈会开始时，全场与会者起立为那些战死的士兵默哀 3 分钟，随后会议开始。首先，列位教授就抗战开始的这 7 年所发生的事端进行分析，接着就当时的政治形势展开激烈的探讨。罗隆基认为，应该提倡民主，提倡法制，但却遭到了曾任清华大学教授的熊庆来的反讥。熊庆来说，中国的弱小主要源自学术不够，只有提高学术水平，才能拯救中国。学生、老师应以研究学术为主，而非关心政事或从商经营。

罗隆基早先因批判国民党政府的腐败而被撤了教授之位，为了生存开始经营茶叶生意，熊庆来的这一番话，自然是冲着他来的，这不仅让他十分难堪，还大大打击了当时在场所有的爱国志士。

闻一多本已拒绝在这场座谈会上演讲，他在台下听到熊庆来直指罗隆基，也是心头不舒，虽考虑到大家相熟，无须令对方难堪，可实难压住心中火气。他站起来进行反驳。

他对熊庆来一心研究不问政事的观点予以否定。他说，在场的这些专家学者们，有哪一个不是做了十几年甚至几十年的研究？如果真有机会，又有哪一个不想再好好学习？但时代不许。研究学问，研究理论，并不是什么了不起的事情，在当今时代，这完全无用。一个做了小半辈子研究的人，到最后还不是沦落到吃穿成难的地步？

谈及激烈之处，他甚至以自己为例。当初他花费心思，耗尽精力，一头猛扎于古学之中，为谁？为何？没有原因，没有理由，眼下不仅没有条件研究，就连生存也很难保证。如此，谁还会再进行学术研究？国家兴亡，匹夫有责，此刻国家到了生死存亡的关头，再不关心，那国家可就真的要灭亡了。

他还说，那些为了自己名利仕途畏畏缩缩的人是自私的。自己不敢参与改革，却也害怕别人参与，这些人应为自己的行为感到惭愧。

闻一多的话犀利有力，一时之间，"学生要管事"的态度高涨。他所说的其实并非有意针对熊庆来，熊庆来之前说完那番话之后也十分懊悔，事后解释是训导员让代传的话。

无论怎样，有骨气的文人不管时代何变，总有自己的冷傲存在，总有大局之心。那时的闻一多便认识到实况紧急，并不适合埋头研究。他觉得，那些到此时还一门心思钻研学问的人心态不正，他们的麻木是一种心理障碍。与之相比，年轻人的热血则是争取胜利的必要条件，而没有经验地一味乱窜，无疑是在浪费这大好资源，所以他们需要长辈、学者的指导，有了体力，有了智力，胜利自然是要来到的。闻一多所发表的《可怕的冷静》，便是专门来表达这个观点的。

自古文人多羸弱，有时并非局势所定。讲求气节的文人，到底是于何时都挺拔不倒的。闻一多由最初到生命的节点，从未表现出屈服于"强权"的一面，是他内心"报效祖国"的理想，敦促他逐渐成为"硬气派"的代表。

本身硬气，也自然喜好与同类人为伍。张奚若便是他十分敬佩之人，他佩服张奚若当初公开批评国民党专制的胆气，并写信给张奚若，表达了自己对其惊人胆魄的敬仰，更表明了自己也将会与他同一立场的观点。

他的好友费孝通，是一位社会家，曾出版过一本名叫《鸡足朝山记》的书，写这本书的时候，费孝通真被生活压得喘不过气来，故而书中透露着无奈的感情。闻一多觉得这种消极的情感影响不好，便加以指责。同时，也为自己当初一心研究不问世事的逃避心态而自责。在他看来，作为一名知识分子，有责任去关心国家政事，而非"无心"风雅。

闻一多觉得，只要能略尽绵薄之力，诸事皆万死不辞。只要有一点表达爱国之心、伸张正义之心的机会，他绝不放过。

1944 年，美国副总统华莱士为实现在开罗会议上提出的组织联合政府的建议，于该年 6 月下旬代表罗斯福总统访华。美国此举，引起了社会各层人士的关心。华莱士与蒋介石在重庆会谈了 6 次，美方不同意国民党政府用武力解决统一问题，但抛出此法，问题似乎卡住了。

6 月 24 日，华莱士来到昆明，这让昆明的爱国志士看到了希望——他们向罗斯福总统传递中国人民渴望民主的机会来了。有人打听到，华莱士将于翌日访问联合大学，于是联合大学的学生王康等人决定画一幅英文壁画，随即他们着手起稿与翻译，还去找闻一多询问有关翻译的问题。

他们连续工作了 20 个小时，才将这幅 6 米多高、十几米长的巨幅英文壁画完成。大家怀着激动的心情将巨幅壁画钉在校门东侧的土墙上，壁画上书"我们决心与世界任何地方的法西斯战斗！"下面写着"我们要民主！"

壁画所在之处是去图书馆必经之地，闻一多等人决心让华莱士看到这幅他们精心制作的壁画。但事与愿违，华莱士并未从他们预计的路线走，而是从小湖中间的小路去了图书馆，恰好绕过了壁画。

华莱士虽未亲眼见到壁画，却被随行的记者看到，并拍了下来，刊登到报纸之上。之后，美国驻昆明总领事馆得到快报说，

"……批评国民党法西斯，鼓励外国对中国的批评，并强调中国需要西方民主。"这幅英文壁画起到了作用，这多少慰藉了闻一多及一众学生。

后来，闻一多参加了华莱士在昆明的一个座谈会，可很快传出他、张奚若、潘光旦等教授被解聘的消息。这大抵又是他本人的直率"惹的祸"。

那日，第五军军长邱清泉来联合大学，邀请了11位联合大学的教授一起开座谈会，闻一多也在其中。

当时爆发了"怒江战役"，我军在美军空军的协助之下重创日军。邱清泉当时便介绍了怒江战况。许是因他是军人，且与在场的人并不熟悉，故而座谈会开得比较沉闷，当他介绍完战况之后，众人开始就士兵待遇的问题进行了一番探讨。

联合大学校前有条公路，经常有士兵从此路过，士兵们个个都是疲惫不堪的样子，有人怀疑军饷被私吞，邱清泉的解释是——交通不畅。面对如此敷衍的解释，闻一多愤怒而起，一番质问后，在场的教授也接连指出军队腐败的现象。他们眼见街头巷尾病弱的士兵，这哪里是一个"交通不畅"就可导致的？若不是有人中饱私囊，何以有此惨景？

闻一多素来直率，可未见得每次直率都让人觉得坦诚，一些人亦是颇有微词，这也让"解聘"的传言多了几分可信度，最终，解聘的传言到底是没有变成现实的。只是，很多有志之士都为他担忧。

闻一多的一个学生赶到他家中慰问，劝他要爱护自己，实话并不适用所有人，再这样下去恐遭不幸。

学生的一番诚恳之言，让闻一多落下欣慰之泪，他为学生的关心感动，也为他们的不解伤心，都到这个时候了，还优先考虑自己的安危吗？他早已将生死置之度外，威胁越多，越会让他看到他们的心虚，他就越是坚定自己的信念。

解聘之说未能成实，可另一个暗潮正在酝酿。

闻一多的名声越来越大，国民党对他开始留心，这也直接铸成了后来"血案"的发生。是时，延安的《解放日报》上刊登了一篇《慰问闻一多先生》的文章，这是中国共产党对闻一多这位伟大的民主斗士的深切关心。

常言道，"树大招风风撼树，人为名高名丧人"。闻一多直言不讳，为他赢得了名誉声望，可隐藏在光耀背后的，却是更强烈的一股暗流。

5. 齐聚于一心

一棵幼小树苗，无法抵御风沙，无法坚固土地，略浓一点的阳光都有可能伤害到它。而融入林子的树苗，不仅生长无忧，也避免了危险。这宛若离群的狼、落单的雁，没有了集体的保护，显得那么单薄。无数的细流，只有汇聚一起，才能形成汪洋大海。彼时的闻一多，似乎就如一滴亟待汇入江河的清水。

可说，西南文化研究会对闻一多的影响十分重大。该研究会成立的初衷，旨在拉拢爱国知识分子，让他们加入中国共产党，中央派来了早期职业革命家华岗来执行这项任务。而华岗又委托云大教授楚图南、尚钺一同拜访闻一多。闻一多闻言华岗来访，表示十分欢迎。

几天后，在尚钺的陪同下，华岗来到了闻一多家中。华岗也是文化人，加之是共产党员，遂很快与已信任共产党的闻一多相谈甚欢。随后，华岗邀请闻一多一同组织西南文化研究会，闻一多一口答应了。他还介绍了潘光旦、吴晗等人一同加入其中。慢慢地，又有很多人加入进来。

西南文化研究会是个秘密组织，期初主要研究学术，每隔几个星期，便由闻一多、华岗等人分别组织一次座谈会。随着发展，座谈会开始讲有关学习中国共产党的政策、社会时事了。闻一多本来就很关心解放区的情况，这次研究会里就有那里的成员，他自然要好好打探一番。

对解放区心生向往的闻一多，曾不止一次表示去那里看看。一次偶然的机会，他得到了一本英文版的《西行漫记》。从这本书中，他了解了很多关于共产党的事。比如他第一次知道共产党是怎么发展起来的，第一次知道中国共产党的领导人是什么样的，他知道了毛泽东，知道了周恩来，知道了他们的理想、他们的经历，虽不是亲眼见到，但他们的精神始终在感染着他。他曾对自己的妻子高孝贞说，要是回到北平之后，一定要把孩子送到张家口去读书。高孝贞记住了这句话。1948 年 3 月，她带着全家人直奔解放区。

斑驳岁月里，友人总会给予闻一多更强的力量。老乡张光年曾陪同一名地下党员去探望闻一多，在与张光年的交谈中，闻一多再次谈到了想去解放区的愿望。他问张光年可有办法，张光年亦是"有心无力"。

其实，身为共产党员的张光年怎能连这点小事都办不到呢？只是，他觉得若让闻一多离开昆明，那就起不到"闻一多的作用"了。后来，不死心的闻一多还是提议要化名偷偷溜去，均被张光年否定了。张光年这么做，也是有另一方面考虑，即保护闻一多。

当年，罗隆基打算去延安，在成都被特务发现，遣送回了重庆。昆明距离延安遥远，且去延安的路上必布满国民党的眼线，闻一多又多次与国民党政府唱反调，国民党早就恨他入骨了，他的样子恐怕不是改个名字就能糊弄过去的。事情的轻重如此明显，闻一多就算再想去也只得作罢，只是，他打定的心思一直未更。

那时，闻一多的很多好友都加入了中国民主同盟。中国民主同盟的前身系一建国同志会，在民族独立与民主政治的基础之上还建立了十大纲领，闻一多很赞同这些纲领。他的朋友们也希望闻一多加入其中，但他一直以考虑为由搪塞着，他犹豫着要不要加入。

幸而闻一多的堂弟闻思路过昆明时来看望他，此事方有转机。

闻思向闻一多描述了国民党内部的黑暗——军官克扣军饷，中饱私囊，虐待士兵，轻则拳打脚踢，重则鞭子抽打，有位军官一气之下，竟拿着手电筒往士兵的脑袋上砸，手电筒前的玻璃被砸碎了，玻璃碎片扎在了士兵的脑袋上。

这消息让闻一多十分愤怒，对国民党的厌恶更深。闻思还告诉闻一多，士兵被虐待后还不能逃跑，军队里有规定，逃兵被抓回来立即枪毙。这消息更激起闻一多的反抗情绪，他想到了自己的学生当中，就有许多为了抗击日寇而放弃学业参军的。他们满腔热血，只为报效国家，但这些上司军官竟如此卑劣。

国难当头，曾经的救命草竟有这么不堪的真相，无疑是伤口上的盐巴。闻一多悲痛万分，连续几天都紧闭房门。几天的沉寂与思考，促使闻一多打定了加入一个集体的主意，毕竟一个人再有反抗之力，于天下而言也是柔弱的。思来想去，他觉得加入共产党才是最好的选择。只是，眼下加入共产党又非易事，唯有先加入民主同盟，而民主同盟又是共产党的朋友。如此，闻一多在几天之后秘密加入了民主同盟。

成为民主同盟一员后，闻一多十分兴奋，激动地与朋友、学生分享加入之后的心得体会，他形容自己是从"人间"走入"地狱"。加入民主同盟，意味着自己的新生，要向旧生活告别，宣告旧生活就此结束；要迎接新的生活，为明天的自己打气。闻一多的好友罗隆基笑称，闻一多都变成"闻三变"了。从清华上学，到海外留学，再到现在，罗隆基一直在闻一多的身旁，亲历了他的转变。闻一多称自己已经定型，不会再变。

一个人的力量有多大？移不平山，撼不动树，就算他的力量再大，独自一人也难成气候。闻一多选择了共产党的方向，选择了一条水滴汇入汪洋之路，这是他人生中最重要的转折点。于是，一个崭新的闻一多诞生了，一个民族战士诞生了，一个以文为利器，以心为世界的"新人"诞生了，他将与一众志士擎起救国之剑，刺穿屈辱的脊梁！

第八章 一心为民主

1. 民主同盟路

国之兴亡，匹夫之责，上不了战场，也要顾全后勤之事；杀不了敌人，也要为胜利出谋划策。

中国的抗日战争进入白热化阶段，美军的加入，令日本接连打了败仗，美国空军对日本的轰炸，也使其在侵略战上越来越使不上劲。而美军与日本在资源争夺战上的胜利，更使后者可利用资源愈发匮乏。

无法与美军争夺海上资源，日本方面将目光投向了中国大陆，只有进一步控制中国内陆地区，日本才有可能摆脱资源上的危机。而要想实现这一点，就必须确保日本在中国内陆地区的交通运输轨道正常运行，故此当务之急便是占领中国内陆的主要交通枢纽。

日军也畏惧中国空军的力量，遂决定摧毁中国空军基地，并因此制订了"一号作战"的作战方案。接下来，日本对中国发动了第二次大规模的侵略行动。

日本一路占领了中国各大城市，从河南一直打到贵州。闻一多就是在这样的背景之下加入中国民主同盟的。

因局势变动，原本处于大后方的昆明，这次也逼近前线，昆明近况的改变，也使得"双十"纪念会的筹备工作颇有难度。"双十"纪念会由云南省内的民主同盟，联合省内的教育界及文学界共同召开，主要目的是保卫中国国土。

爱国的闻一多，此次加入了民主同盟，更是全力筹备，只是筹备工作并不顺利。昆明越来越不安定，原本处在安逸环境下的昆明市民，因战火逼近，纷纷整理家当，四下逃亡，对于纪念会的热情也就大打折扣。

闻一多曾在一次筹备会上说，爱国是自愿的事，希望更多的人能加入这次民主运动中去。

从原来的不问政事，到此刻的积极筹备，闻一多将这一转变完全归功于朋友。因为在与他们的交流之中，闻一多慢慢了解了当今时局，明白了眼下危急的形势，不知不觉地便开始关心政治形势的发展，后主动吸取知识，参与其中，这的确得益于一班友人的带动。

思想进步的闻一多不仅自己参政，也鼓励曾同他一样无心政事的人能参加这次纪念会。在他真诚的演说之下，10 月 10 日当天，很多仁人志士纷纷到场。

5000 人的纪念会场，萦绕着闻一多尖锐、犀利的演说，他的直言不讳，使得越来越多的人从中得到力量，内心深处隐藏的各种感慨，被他抑扬顿挫的演说激发。

盟军反击，中国却接连战败，是什么原因造成这令人痛心的现状？闻一多一出场就抛出这个疑问，问题深刻，如同一把钢针，狠狠扎进听众的耳根。

造成这个现状的原因十分明显，即以蒋介石为首的国民党对共产党的仇视。

国民党旗下有一支军队从来没有参与抗日战争，其首要任务便是紧盯共产党，将共产党的抗日军队围困在陕西、甘肃、宁夏之间。

为了排除异己，国民党派下一批特务，专门暗杀说国民党坏话而偏袒共产党的人，民众顾忌自己的安危，鲜少在公开场合吐露心声。闻一多则不同，口快心直的他，把万事皆摆在台面。

闻一多不满国民党政府的这一做法，为此强烈地讽刺，假使政府仍然不作出有效手段，大西南危在旦夕。倘若中国真的战败了，人民该怎么办？去哪里？干什么？他一连抛下几个问题，会场霎时一片静寂。

闻一多所问，不就是人民心中所想吗？国，是我们自己的国；家，是我们自己的家，自己的国就要灭了，自己的家就要亡了，我们自己不去抗争，还能指望谁伸出援手？

这是我们自己的地盘，"谁敢掐住你们的脖子！""谁有资格不许你们讲话！"一腔怒火在闻一多的心中燃烧着，他站在讲台上，诉说着自己的愤慨，听众们也被感染着，已冷却的心再次燃起烈火，"要抗议！要叫喊！要愤怒！"闻一多在讲台上呼吁着，台下的听众随之附和着怒吼起来。

国民党的行为，宛如正在漏油的油桶，一路上都是他们无能的痕迹；而闻一多他们，好比一簇小小的火苗，正好落在这条油迹上，一团大火瞬间"蹭"的一声燃起，沿着轨迹，以避之不及的速度向前窜去，一路朝着国民党的油桶烧去，终有其自食恶果的那天。

李公朴、吴晗、罗隆基、楚图南，相继上台演讲，大家都倾向于民主自由，这与国民党的政策背道而驰，却与共产党的主张不谋而合。

就在众人心中的抗战之火愈燃愈旺之时，国民党安插的特务于阴暗角落使坏。"嘣！""嘣！"两声巨响，随即人群中有人大喊："手榴弹！手榴弹！"现场瞬间一片混乱，人们四处躲避。当初在组织这场纪念会的时候，就考虑到国民党必定会派人前来捣乱，果不其然。

自知理亏，无脸对峙，只好私下捣乱，企图依靠混乱来阻止纪念会的正常进行。李公朴曾在上海游行时担任过指挥一职，他沉着地指挥着现场秩序，并找到了爆炸的源头——两个爆竹。原来，国民党只想以此恫吓。

龙云——云南省主席，十分支持这次纪念会的举办，当他得知国民党特务的可耻行径，当即派来了宪兵，捣乱的特务也被当场抓住。此次"双十"纪念会虽不算大功告成，也算较为圆满的，毕竟民众的爱国之心，已不似往日那样麻木。

闻一多是中国现代伟大的爱国主义者，伟大的民主战士，更是中国共产党的挚友。他自加入中国民主同盟，并成为领导人之始，即是真正站在了人民的队伍中。而这样的现实，也就注定了他是国民党的死对头，是要被"除之而后快"的。

2. 一多自省身

孰人无过？在自我否定与自我肯定之间，找到最合适的、最正确的路，才是智者所为。

闻一多也一样会犯错，这都源自他直率、不拘一格的性情。

但他胸襟广阔，错了必会纠正。从他整个人生来看，加入中国民主联盟，即是其对过往差误的改正。而这也仅仅是一个方面。

闻一多善于自我反省，这是他身上的又一闪光点。早先他参与新月社的时候，新月派曾经与鲁迅的意见发生过严重分歧，两边人对此展开过激烈的争论。联合大学曾准备举办鲁迅纪念会，考虑到闻一多之前是新月派的，虽然对其发出了邀请，可也对其是否会来参加不抱太大希望。

让人惊讶的是，闻一多接受了邀请。

其实，他也曾担心自己原本的立场会被排除在鲁迅纪念会之外，此时收到邀请，他十分开心。鲁迅是爱国人士，崇尚民主，自己能被看成与他是一路人，不失为是对自己多年所为的一种肯定。

早在几年前，在鲁迅逝世之际，于清华召开的鲁迅追悼会上，闻一多就将鲁迅比作为当今的韩愈，是一代文学将领。当时，他仅是站在文学的角度看待鲁迅。8 年光影流窜，多少岁月沉淀之后，闻一多对鲁迅的看法早已超越了文学范畴。

1944 年 10 月 18 日，鲁迅逝世八周年纪念会在云南大学的至公堂里举办，闻一多被安排在朱自清、李何林等人后面，看到了自己之前没有看到过的鲁迅。

到场的一位国学大师称鲁迅是孔子，闻一多在之后的发言里完善了这个看法，说鲁迅是孔圣人，高于孔子，因为他推着时代在前进。

闻一多也在纪念会上向鲁迅道歉，为自己当初看不起他感到惭愧。他转身面对挂在身后的鲁迅炭画像，深深地鞠了一躬，"鲁迅对，我们错了"，言辞恳切，一字一句都充满了歉意。

现场众人无不大吃一惊，这是多么感人的一幕，文学大师为自己当时的鲁莽道歉，不仅表现了他对"旧思想"的抛弃，更体现了他对走新精神之路的肯定。

横眉冷对千夫指，俯首甘为孺子牛。鲁迅甘心成为服务百姓的"孺子牛"，闻一多又何尝不是另一只"孺子牛"呢？周恩来曾说，闻一多跟鲁迅都是中国人民的牛，也有人称闻一多为"昆明的鲁迅"，可见在大家心中，二人地位等同。

闻一多和鲁迅的经历大同小异，都出国留学，一个专心美术，一个攻研医术，回国后都毅然放弃了原来的专业，选择用笔来振奋民心。他们曾经都沉浸在自己的文学象牙塔之中，后来却都决然地投入到民主运动之中。

人心难料，没有人能说准、说死任何一件事。闻一多也不例外，做错了，他马上改正，这大抵也是大师的共有个性吧。

那时，欧洲战场上反法西斯战争已取得了相当丰硕的成果，布加勒斯特、巴黎……越来越多的国家从法西斯的阴影之下站了起来。反观国内，蒋介石决定发动"十万知识青年从军运动"，说是要加强抗日军队，实际的目的却是为了反共。

此前抗战士兵伤亡惨重，急需补充兵源，借由这个借口，堂而皇之地开始招兵。共产党虽然知道他的目的，但也不好出面反对。蒋介石还任命云南省委会主席龙云、云南大学校长熊庆来等为从军征集常委会委员，联合大学校长之一的梅贻琦也被任命为常委，联合大学校内也成立劝征委员会。

11 月 6 日，联合大学举行月会时传达了从军的决定；29 日下午，破例没有上课，全校的教授们开始为从军进行演说。毫不知情的闻一多，也加入了演讲的队伍之中。

闻一多当时以为，蒋介石这次征兵确实是为了抗日，他对抗日抱有极大热情。当时他并没有被安排演讲，但仍积极准备着。

演讲教授们的热情演说，并未带动多少学生的积极性，看着不为所动的学生，闻一多不自觉地站了起来，他劝学生在现在这种紧要关头，应暂时将学业搁置，拿起武器，投入到抗战之中。保卫国家的重任，不应该只留给他人，青年人，尤其是青年学生，更应以此为重。

美国主动为中国提供武器，这样的大势也昭示着胜利的到来，他鼓励学生到战场上去。简短的几句话，感染力十足，原本不为所动的学生纷纷报名参加，就连一些在职员工也蠢蠢欲动。

被蒙在鼓里的闻一多自以为做了好事，但了解内情的人都惊讶于他的所作所为。马识途——中文系的一名学生，也是一位地下共产党员，他对闻一多当时的演说感到吃惊，他马上赶到闻一多家里，询问闻一多缘何支持学生报名。

闻一多听其询问，倒是一头雾水了。他这么做当然是为了驱除日寇，以保国土，难不成还有私心？他疑惑地看着马识途，想要得到真相。

马识途本以为闻一多清楚蒋介石的真实目的，以为他站在了国民党一边，可看其言辞之间毫不闪烁，料定了他的确不知详情。

闻一多这次被蒙蔽了。当时的中国，民众抗日热情极高，他觉得蒋介石此次的目的就是为了抗日，毕竟美军已经加入，而美国提供武器，且不同意中国内战，又怎会同意蒋介石将这批青年士兵用在反共之上？

马识途告诉闻一多，美国只是提供武器，并没有太多动作，也不干涉这些武器到底用于何处。简单来说，武器交予蒋介石之后，他做什么都是他的自由，美国无法干涉。

蒋介石反共的决心是坚定的，他曾说："不消灭共产党，死不瞑目。"即便此时抗战损失惨重，他也坚持委派自己手下的一批精锐监视共产党。这次征兵，除了要打败日本，更重要的是为内战增补后备力量。

一番交谈之后，闻一多方才如梦初醒。蒋介石反共是肯定的，他这次征兵的目的确实有待考证。

同年 10 月时，蒋介石将史迪威（先后担任中国战区参谋长、中缅印战区美军总司令等）发配至美国，原因是他主张将援助物资分配给共产党。而蒋介石是在为反共打基础。

想通了之后，闻一多直呼上当受骗，作为学校教授会议书记及代表的他，与其他教授反映了这些事情，并在随后的教授会议上提出了 4 项决议，其中就有一项决议要求国民党不能将这次挑选的青年军队用于国防之外。这 4 项决议，也是教授们首次对政府有所保留的支持。

政治上的花招，多是迷惑他人的手段，掩盖的是腐败内心。内心已经腐烂透了，表面的华丽又怎能掩盖散发出的恶臭？

3. 捍民主之心

腐败之树，施肥无意。虫蛀、缺水，已令其根、心溃烂。犹如混乱时局，教育为本的治世妙法，也是无力回天。只是，胸怀天下的仁人志士，却不会置之不理，他们即便拔掉那棵烂树，再植新种，也是不胜欢欣的。只是，栽植、培育的过程，多是喜忧参半的。

闻一多热衷文学，愿以笔为武器救国救民。他一生学生万千，大多被其思想所影响，从而投身革命大潮之中。在这般教育领域，他的成就是突出的。不仅如此，他会在任何领域以任何形式来铭其护国之心、爱民之心。比如文艺界。

早先，因为政治活动而停顿的中华全国文艺界抗敌协会昆明分会（以下简称"昆明分会"），慢慢开始活动了。

闻一多没有参与过昆明分会的活动，在昆明分会的第四次全体大会上，他却以票数第一的成绩被选入昆明分会的新理事会，之后又被推选为常务理事。

这些成绩，无不彰显着大家对他的信任，但这份认同感过于沉重，闻一多深感不安，毕竟先前的辞退事件便源于"早先的看重"。加之闻一多没有参与过该分会的相关活动，谈治理则有些不合时宜了。

于是，闻一多拜访了昆明分会的理事长，谢绝了他们的好意，但承诺肯定会支持昆明分会的工作，会积极参与其中。

昆明分会这次能够活动，主要在于重庆文协总会的一项决定。抗战期间，从事文学工作的人生活十分窘迫，不仅是物价上涨所致，他们的稿酬也相当微薄，著名作家张天翼一家饥寒交迫，著名作家王鲁彦因无钱投医客死他乡。

生活艰辛，再加上国民党政府的一再迫害，迫使从事文学工作的人愈来愈少，为确保文艺之火不熄，重庆文协总会筹募起了援助贫困作家基金。这次募捐，使那些穷苦的作家们得到了生活保障，更能在群众中得到宣传，文艺之火也才有机会继续在中国这片文明大地之上呈现燎原之势。

热心的闻一多很支持这次募捐活动，积极参与其中，在报纸上登出：愿为人刻章 10 个，每个 2000 元，全部收入捐助贫病作家。登报也仅仅是一个广告，目的无非是招揽生意，而他也刻了不止 10 个章，最终全部所得都捐助给那些为生活所迫的穷苦作家。他身体力行，为募捐活动劳心劳力，还拉动其他人一起参与其中。

在新诗社成立半周年的纪念会上，闻一多抄写了《给贫病作家的慰问信》，纪念会召开之前，他先朗读了这份慰问信，之后带头在信上签了字，楚图南、李广田等人纷纷响应，总计122名教授在上面签了名，后报纸也刊登出了《给贫病作家的慰问信》，一时间反响甚大。

朗诵会上也加入了募捐环节。社会各界都开始了募捐活动，吕健编写的《扫荡报》副刊上就盖有"为响应文协援助贫病作家基金义卖"的章印。联合大学文学会编写了捐助手册，多次加印，仍然不够分发，李公朴、楚图南等，纷纷捐出自己的稿费、税费，以表其心。

当时，闻一多居住在昆华中学的宿舍之中，自然想到要在昆华中学举办募捐活动。他找到身为学校学生自治会主席的王明，向他叙述了作家当下的处境以及募捐的重要性，王明本是闻一多的学生，对这位老师向来尊敬，加之募捐活动意义重大，他当即表示愿意帮忙。

事后，王明向校长徐天祥反映情况，校长也欣然同意，随即动员全校师生，为贫病作家募捐善款。最后统计，共得300多万筹款，单单是新诗社的募捐成果就有36万元，昆华中学筹得38万元，是众多学校之中捐助最多的一个。据悉，昆明境内所得捐款占全部捐款的90%。此不失为闻一多之功。

为此，重庆文协总局写信给闻一多及新诗社、昆华中学等伸出援手的个人、集体，向他们表示真诚的谢意。

1944年年末，云南人民即将迎来光荣的节日——护国起义纪念日，这是令所有云南人都万分骄傲的日子。当时，袁世凯为政，一心想要恢复帝制，在唐继尧、蔡锷的带领之下，云南人民奋勇起义，扑灭了袁世凯点燃的帝制火苗。

那时的中国民众都渴望民主的政治。中国民主联盟于 10 月 10 日发表声明，要求政府将修改的护国起义纪念日改回原来的 12 月 25 日。

经过一番讨论，云南省政府致电国民党中央陈述了这条要求。12 月 22 日，国民党回复表示同意电报要求。事情已经确定，众人都投入到筹备事项中去了。

12 月 25 日当天，全省都沉浸在喜庆的氛围之中，昆明自不例外，所有单位、学校均放假一天，以示庆祝。

纪念大会在云南大学的广场上举行，各界知名人士纷纷参与其中，纪念会显示出一片民主气息。这次纪念会意义重大，不仅是护国起义胜利 29 周年，还因在当时如此严峻的环境之下政府同意改回纪念日的申请，且又有这么多人参与其中。

护国元老由白龙、白小松、黄斐章、唐继尧的儿子唐筱冥纷纷上台发表演说，历史的记忆仿佛充盈其中，他们都是当年护国运动的见证者，激动的言辞，朴质的情感，更使在场所有人为先烈们自豪。

闻一多是在吴晗之后上场的，压轴的他，步履坚定。他的演讲没有华丽的开场，上来便是开门见山的一句："我们是应该惭愧的。"

是啊，应该惭愧。先烈们洒的热血早就化为云雨，砍断的头颅也已归于尘土，经年累月，前辈们的心愿到现在还没有实现，这个国家还如过去一样腐败软弱，"难道袁世凯没有死吗？"闻一多问道。没有！他总结了护国起义的意义，就是只有打倒独裁才能够得到真正的民主！

30 年前全国人民都渴望民主，30 年后人民依然渴望民主。

时代的步伐一直向前，人民的力量也较之以往更加强大，往日能打倒袁世凯，现在仍可实现！

闻一多拉高了嗓子："继承护国精神，扩大民主运动，争取更大的胜利！"在场的人无不受到他的影响，"继承护国精神！""争取最后胜利！"会场充满了这样的口号。纪念会上通过了《云南各界护国起义纪念大会宣言》，表示云南人民将以民主运动为眼下最重要的目标。

纪念会结束之后，大家组织了游行，激昂的队伍高喊着要民主的口号，从闹市区经过，从偏远小巷经过，民主的声音充斥着昆明，响满了云南，喊遍了中国。

水有载舟之功，亦有覆舟之力。民众的力量就如同时代的洪流，"它要冲垮一切拦在路上的障碍"，它要的只是简单的一样——民主。

4. "自由"的闻家

闻一多一直提倡民主，不仅希望别人能民主待人，自己在家中也同样依托民主做决定。

1945 年 1 月，联合大学盖起了一栋教职员宿舍。宿舍不仅离学校较近，且附近就是翠湖，环境好，上班也方便，孩子经常会到翠湖边玩耍，可闻一多的妻子高孝贞并不乐意搬家。昆华中学的宿舍前有一片空地，她已经开垦过，并在上面种植了一些蔬菜，不仅健康，还可以减少家庭支出。当时物价飞涨，这一点点节省下来，也能减轻负担。再加上昆明气候宜人，种植的蔬菜吃不完，有时还会将剩余的送人。

要是搬到教职员宿舍，这片菜地也就没了，换句话说，就需另外支出食品的费用，加上教职员宿舍的住宿费，每月大概7000元，这笔开支显然不小。相反，昆华中学免费提供住宿，出于节约考虑，高孝贞打定了不搬家的主意。

于是，闻一多决定开一个家庭座谈会，大家民主投票决定到底搬不搬家。

最后，孩子是开心的，因为就如他们想的那样，搬新家了。叫来一辆大车，众人七手八脚把东西搬上去，浩浩荡荡地来到了西仓坡。偶遇吴晗，两人交谈一番，闻一多还跟他笑谈家中的民主决定。

除了这次搬家，闻一多在家实行了多次民主决策。

闻一多的长子闻立鹤学习认真，但孩子难免淘气。一次，闻立鹤因贪玩没有好好完成作文，闻一多为此发火，气头上的他狠狠责骂了闻立鹤。闻立鹤也生气了，把自己锁在房间里3天，不肯出来吃饭。

为此家里的氛围都不好了。闻立鹏为大哥感到不平，便同父亲争辩，他希望父亲能向自己的哥哥道歉。那时，家长总是高高在上，只有孩子被家长训斥的份儿，鲜有家长向孩子道歉的先例。

闻一多一直都像旧时的家长，如同其父在他小时候教育他的方式一样，但时代不同了，孩子们也都不像闻一多以前那样甘愿受罚，他们都有独立的思想，加之民主之风盛行，孩子的自尊心也见长。

闻一多在自我反省之后，便向闻立鹤道了歉。一句道歉，换来了全家人的笑声，但笑声之后就是深深的自省。

闻立鹤为父亲的真诚道歉所感动，泪洒饭桌。饭后，悄悄一人退了出去，独自漫步翠湖边，开始反省自己对父亲的态度；他在自责，责备自己与父亲争辩。平静的翠湖面，带着点点清风，吹拂湖边绿树，沙沙声，响于耳畔，闻立鹤繁杂的心也慢慢被吹拂安宁。

闻家的保姆——赵妈，是闻一多还在清华园工作的时候就聘请的，几个孩子也多亏了赵妈的照顾。

十几年的相处，赵妈不仅只是闻家的保姆，她早就成了闻家家人，闻一多向外介绍时，也总说自己家有8口人。

七七事变爆发时，赵妈抱着还在襁褓中的闻惠羽，不料在途中遇到劫匪，不幸与闻一多走散了。劫匪们鸣枪，赵妈不顾自身安危马上用自己的身体护住还未满周岁的闻惠羽。

也正因她对闻一多孩子的全心全意，闻家人才会格外尊敬这个与他们毫无血缘关系的亲人。

平日早上，赵妈都会很自然地拿起扫帚，打扫卫生。闻一多看见了就会阻拦，他将赵妈视为家人，赵妈年纪大，这些小事不应该让她来做，他每每会主动上前，抢过扫把自己打扫。

没有主仆之分，人人平等，这也是民主的体现，同时，这也是闻一多将民主带进家里的表现。

为实现最彻底的民主，闻家的很多事都需大家一同商量才能决定。闻一多工作繁忙，只有吃饭时才能一家人凑齐，那些需要讨论的事也都是放在饭桌上讨论的。你言我语，大家常常争得面红耳赤，讨论经常陷入僵局，以至于饭都没办法吃下去。

闻一多仔细想想，觉得想要民主，就必须从自己做起，从自己身边的事情做起。一天，从重庆来了一些之前与闻一多等人一同研究过话剧的朋友，他们是到昆明游玩的，身在昆明的几人自然是热情欢迎，大摆筵席。

出于尊老的美德，众人请年纪最大的人上座，然民主之风早就吹遍文艺界，"要民主"这句话是要身体力行的，故此众人不落俗套，随便落座。此外，他特别尊重女权。席间，他对几位女宾也十分客气，而且他在家对自己的妻子也十分尊敬。

民主战士闻一多，以身作则，身体力行，在自己的小生活中营造着一个自由和谐的环境，这也一样是民主的体现。试想，若天下同胞皆如此，何愁民主难现？

第九章　热血斗专制

1. 拥护共产党

在那个颠簸的时代，一个可靠的信念，不仅能安抚人心的紧张，更能给人勇气。民主，之于闻一多，无疑是可靠的，是可称其为信仰的。而共产党提倡的民主，在得到越来越多人支持的同时，更被拥护着、信仰着。

1945 年 2 月中旬，联合大学决定在寒假安排一次路南旅行，许多学生和教授都报名参加，闻一多也带着闻立鹤、闻立鹏两兄弟参加了这次旅行。

在路南时，众人住在一所中学里，学校校长是当地有名的学士，名叫杨一波。他带着学校的师生一同与联合大学的师生交流、谈天，交谈中，他透露了关于驱逐反动县长的事情。

此事发生在 1943 年，当时路南县的县长是一个反动派分子，十分仇视民主运动，在一次抓捕参与民主活动人员的过程中，扣押了学校的训导主任张孝昌及学校教导主任刘桂五。

反动县长的所作所为，激怒了路南县的进步人士。学校师生找到相关人士，动员了近千名群众表示抗议，并强行将被捕的老师救了出来。

之后，大家搜罗县长贪污的证据，将证据递交给了省政府派来侦查的人，县长抵赖，遂连夜逃走。当时，路南县设立了一块"贪官许良安遗臭碑"，就是为了纪念此次驱逐运动。

闻一多听完校长的讲述，大加赞扬了这次运动，并称其不失为"小五四运动"。之所以有这般盛赞，是因为此次运动除表现出强大的民族凝聚力之外，更重要的是，在对抗反动贪官上取得了胜利。这不仅极大地增长了民主运动的士气，还打击了那些仇视民主运动的反动势力的嚣张气焰。

在旅途中，有一个学生问闻一多，共产党和国民党谁会取得最后胜利？闻一多坚定地表示共产党会胜利，他睁大了眼睛，反问道："这难道还有疑问吗？"

闻一多对共产党的胜利充满信心，不仅是因蒋介石政府所推行的政治主张让他失望，更因他本人在毛泽东的著作《新民主主义论》中看到了民主的未来。他说从其中看到了中国的前途，现在先完成"最低纲领"，再逐步向"最高纲领"靠近，而实现最高纲领之后，就可以见到世界大同的局面。

相反，对于蒋介石所代表的国民党，闻一多对其信任逐步瓦解，到了后期，就只剩下疑惑与不满了。

此前，美国副总统华莱士来华，主要目的是联合中国的抗日力量打败日本，之后再建立一个支持美国的中国政府，重点还是想在蒋介石的领导下统一中国。

出于这个目的，美国又派代表去延安与毛泽东等人协商，毛泽东开出了五点协议，美国方面表示同意，蒋介石却认为，那五点协议对国民党十分不利，有很大的潜在危险，他对此表示不满，随即针对性地提出了"三点反建议"。

两方提出的意见对对方都十分不利，谈判进入僵持阶段。两派不合，华莱士也十分着急，他与蒋介石商量之后又制订出了一套新方案。

1945年1月24日，周恩来到达重庆，参与党派大会；2月2日，周恩来提出了《关于召开党派会议的协定草案》，但蒋介石还是选择拒绝。

蒋介石想要的，是在他专制之下的政府，否决共产党的提议就表明他绝对不允许民主的壮大。蒋介石接连的拒绝，也充分暴露出了他的野心。

2月8日，郭沫若联系众多学者，希望他们能在自己起草的意见书上签名，以示抗议。截至12日，已有上百人签名。吴晗接到郭沫若的来信，对其提议予以赞成，与闻一多商量之后觉得昆明也应该为此做些什么。

很快，吴晗执笔，闻一多修改，罗隆基再补充，几天后，《昆明文化界对时局的紧急呼吁》一文面世。其中提出应该召集人民代表大会，由人民代表大会选举出联合政府的相关官员。后来吴晗再次修改润色，之后复印散发。起初只有59人签名，后来又有300来人签名。

随即，蒋介石公开发表声明，称反对组织人民代表大会。他如此公然反对民主，激起了社会广大主张民主人士的不满。

闻一多连忙对《昆明文化界对时局的紧急呼吁》进行第四次修改，特别指出了蒋介石反民主的主张，并对此加以反驳。这一声怒喝，震得八方志士随声附和，闻家驷、余冠英、卞之琳，以及联合大学的教授们纷纷在上面签名，不仅是学校里的教授，学校外，一些文艺界已在工作岗位上的青年也签名其上。

为了能让更多人在上面签名，闻一多挨家挨户地登门拜访。他的好友沈从文被其热心打动，这个从不过问政事的人，第一次表达了自己对政府的看法。

民主运动，推进得汹涌且迅猛。蒋介石将目光投向了这次活动的发起者——郭沫若。他马上下令解除了郭沫若的职位，并且将其所在的政治部文化工作委员会予以解散。

其时，不只是郭沫若，很多参与其中的人都受到了直接或间接的迫害。闻一多与吴晗商量之后，决定去慰问那些无辜成为反动派发泄对象的民主志士。于是，大家联名写了一份慰问信给郭沫若和同样被革职的顾颉刚。

顾颉刚也是这次活动的发起人之一。慰问信中不仅对郭沫若他们的遭遇表示同情，还表达了建立民主政治的决心。郭沫若与闻一多之间早有 20 多年的友谊沉淀，两人的愿望、目标都是那么相似，患难之中，真情涌现，两人的交情，在这一次事件之中再次得到升华。

民主联盟内部成员，虽然总体的愿望都是希望能取得民主，但所走的道路并不统一。那时，随着国际反法西斯战争一再取得胜利，中国取得最终胜利也只是时间问题，可对于中国未来的道路，民主联盟的成员各有看法。

罗隆基认为，英美国家实行的是政治民主，苏联实行的是经济民主。他认为，中国未来的道路不能照搬英美国家或苏联的套路，中国的国情与他们不同，应该寻找一条介于他们两者之间的全新之路。

闻一多对此持有不同的观点，他觉得苏联不仅是经济民主，政治上也存在着民主。他倒不完全否定罗隆基的看法，只是不认为寻找介于两者之间的新路就适合中国国情。

民主联盟内部成员，就在这两种看法间争论，最后李公朴决定在自己家中举行一次座谈会，邀请十几个民盟成员，一同讨论未来的建国方向。

罗隆基当然还是秉持自己的观点，当时住在李公朴家的张光年也参加了这次座谈会。他是中国共产党党员，在延安待过，自然有更务实的看法，他引用毛泽东、斯大林的话来证明，苏联并非只有经济民主，还有政治民主。

李公朴决定出一本增刊，用来拥护政治民主的立场。刊物由李公朴主编，闻一多、王健、张光年参与编辑。不久，昆明市民又多了一本杂志——《民主周刊增刊》。

革命并非一朝一夕就能完成的事，革命先烈虽指明了前进方向，但革命需要新鲜血液，需要年轻人去参与、去推动、去实行，这才是真正意义上的革命。

2. 集青年之力

1945 年 1 月 10 日，昆明成立了一支青年民主组织——云南民主青年同盟（以下简称"青年同盟"）。青年同盟的核心成员大多是共产党员，地下党与学生之间的沟通，全由青年同盟负责，闻一多便是大力支持青年同盟工作的进步人士之一。

1944 年时，由于民主运动的大力发展，许多之前失去联系的地下党又相互联络起来，他们还秘密聚在一起，组成了一个叫"社会主义青年同志会"的组织，但担心这个名字太过显眼，后又将名字改成"云南民主青年同盟"，而青年同盟的发起者，全都是联合大学的学生。

洪季凯就是当初的发起者之一。

洪季凯原是一名新四军军人，在皖南事变中被国民党抓获，成为俘虏的他受到国民党士兵的虐待，被打断了一条腿，后在一次押解的途中趁守卫不备逃了出去。

逃脱后的洪季凯流落街头，路过昆明时正逢联合大学招生，后被联合大学录取。

留在联合大学的洪季凯，时刻关注着共产党的消息及组织。他在学校与闻一多等人的接触当中，发现闻一多可能与共产党有些关系，一番斟酌之后，他决定向闻一多寻求帮助，并将自己秘密成立的组织也全部告知他。闻一多不是国民党的人，自然也没有辜负他的信任。

听了洪季凯的计划，闻一多大加赞赏，认为在当时的条件下成立青年同盟是可行的。得到肯定的洪季凯，回去之后加快了建设步伐。

青年同盟很快便成立了。之后不久，闻一多、吴晗便邀请洪季凯以及一同参与建设的同学参加了一次校内讲座。当时的讲座先嘱咐了一下护国起义纪念大会的注意事项，之后就青年同盟的筹备问题进行了讨论。

闻一多曾对华岗说过青年同盟，后者也十分支持这样的组织的成立，还鼓励爱国青年在民主道路上勇往直前。只是，青年同盟的规模太小，且刚刚起步，这意味着接下来将要面对更多难题，如同刚出泉眼汇聚而成的溪流，面对太多石头的阻碍，恐怕将会断流，而若能汇入江河，便能后顾无忧了。

闻一多曾将青年同盟介绍给民主同盟，吴晗也曾为此写过一篇入盟誓言，但青年同盟的人还是坚持独立，认为自行发展更适合自身，故而拒绝了闻一多、吴晗的好意，不过他们愿意以学生之礼对待两人，接受同盟站在师长的位置上对青年同盟的建议，并表示支持民主同盟的工作及政治主张。

青年同盟的第一次代表大会，于 1945 年 2 月 4 日在滇池上的一条船上举行。会上不仅重新修订了《民主青年同盟章程》，还确定了接下来的工作目标，同时还选举出青年同盟第一届的执行委员。不久，闻一多、吴晗接到了民主联盟云南支部的通知，成为民主联盟与青年同盟之间的联系人。

联合大学学生自治会的主要成员，全都是国民党下属的青年组织——三青团的成员。三青团主要维护蒋介石的政治主张，为了争取到学生进行民主运动的权利，必须换掉现在的自治会成员。

但自治会成员并非一直不变，学校会组织改选的机会，这样就必须争取到进入自治会的名额。好在有闻一多的帮助，那些支持民主运动的学生都有机会参加竞选。最终，三青团成员无一人进入自治会，青年同盟中共有 5 人被任命为自治会理事，而且当时学生自治会主席还是一名共产党员。可想而知，接下来的学生民主运动将比之前更为顺利。

经过几个月的秘密招募，青年同盟已经由原来的十几人扩展到 170 多人。人数众多，需要划分几个部门，不仅利于管理，也利于青年同盟的运行。

联合大学是青年同盟最重要的根据点，由此在这里设立了两个部门，而这两个部门的负责人都是闻一多认识的学生。一个是中文系的马识途，另一个是叶公超的内弟袁永熙。不曾想到，这两个相熟的孩子竟成了联合大学地下党的联系人，因为相识，闻一多也熟知他们二人的能力，由他们担当如此重任，闻一多十分放心。

3 月末，联合大学学生自治会收到了来自复旦大学自治会及浙江大学自治会的宣言书。两份宣言书所表达的态度截然相反，在联合大学内部还产生过不小反响。

复旦大学学生自治会认为，应该遵从国民党派的治国理念；浙江大学学生自治会恰好相反，认为应支持共产党的主张。两种态度，也正是联合大学校内意见分歧的主要原因。

联合大学学生自治会还特地举行了代表大会，大多数同学赞成站在共产党这边。为了能使更多同学加入民主阵营，闻一多做了很多思想工作，青年同盟及自治会的同学也加入劝解之列。

自治会召开了一次座谈会，邀请了吴晗、张奚若、曾昭抡、王赣愚，闻一多虽身体欠佳，但还是上台演讲了，声音低沉，可更显他的爱国情怀，一番发人深省的演讲，使得无数学生深思。

十几天的探讨后，联合大学决定发表《国立西南联合大学全体学生对国是的意见》，这是学校首次以全体师生的名义公开发表对政府的意见，而它的意义，无论是对学校还是对国家，都是十分重大的。

只是，进步人士的言论也不能随意出版，毕竟也是一大笔花销。当时对众人来说，最大的难题已非人手不足，而是活动经费匮乏。

青年同盟决定自己办一家打印社，可购置印刷机也需要一大笔钱，同盟中的成员大多数还只是上学的孩子，没有经济来源。洪季凯马上找闻一多、吴晗帮忙，二人立即同意。吴晗拿出了一部分《民主周刊》的广告费，闻一多也出钱交予青年同盟，七拼八凑，这钱最终还是够了。

有了足够的资金，印刷社很快挂牌成立，联合大学的意见书也在不久之后印刷出来。印刷社其实是秘密成立的，这样可以保护印刷设备不被当时的反动势力发现。当时，如《新民主主义论》、《论解放区战场》等有关民主的书籍都是从这里印制发表的。

一种力量的萌发，总是需要勇气，同时也需要保护，没有一颗花苞经受得了恶劣气候，就如同没有一滴水受得了太阳的灼晒而不蒸发一样。青年力量，是一股强大的力量，而闻一多等人，无疑是这股力量的凝聚者和保护者。

3. 承五四精髓

1945 年，五四纪念日显得那么特殊。国际反法西斯战争接连胜利的消息早就传遍国内，法西斯的失败已成定局，中国人民也在热切期盼着胜利的到来。而作为影响深远的五四纪念日，自然备受民众的关注。昆明，早早地开始为五四纪念做着准备。

昆明的五四纪念日从 4 月 30 日开始。华罗庚在联合大学举办的晚会上演讲，并呼吁民主的早日到来。渴望民主，已成为当时所有爱国志士的共愿。

5 月 1 日，在云南大学的至公堂里，举办了一场别开生面的音乐晚会。发自内心的呼唤响彻至公堂，在昆明的夜空也显得如此嘹亮——民主快些到来吧！

人民在盼望着民主，但蒋介石为首的国民党却一点都不希望民主实现。为了打击那些民主人士的积极性，他们悄悄下达了一份秘密文件，文件中称在这次五四纪念活动中有"奸党"存在，而那些所谓民主座谈会都是变相地支持奸党的活动，他们都是危害社会的危险分子，对他们这些行为应该予以制止，同时还强加之罪，说他们之后的几天时间里可能还会有类似的示威活动。为防止那些不合法的言论传播，国民党政府希望昆明各个学校能看住学生，让他们不要参与其中。

这份文件于 5 月 2 日通知到昆明市内的各所高校。国民党的这些小动作，闻一多早已司空见惯了，如此小风小浪，怎能抵挡得住他们喷发的民主热潮？

纪念活动还是继续展开，由新诗会举办的诗歌朗诵晚会在联合大学的东会堂举行。用诗歌来歌颂五四，这是一个很好的主意。当时写的多是体裁新颖的新诗，而新诗也是五四的成果之一，用它的果实赞颂它的功绩，意义非凡。

报名参加这次朗诵会的爱国志士有两千余名，他们的热情足以说明一切。闻一多是第一个上台的，作为新诗运动的领导者，他对此自然很有话说。他从新诗的发展谈到了民主运动，他说民主运动就是一场革命，这才起步的革命刚有起色，就已让"反动者"闻风丧胆，但离成功还是远的。成功之所以离得遥远，是因那专制来源已久，根深蒂固。长久以来的弊病，不是这么轻易就能推倒的。

闻一多还认识到，农民这支强大的队伍也一样是革命的力量，他们是革命前进的动力，用文字唤醒他们，他们将会是革命中最强大的中坚力量。

一席话语，点燃了在场所有人的热情，闻一多讲完后便开始诗歌朗诵。

他朗诵了艾青的《大堰河》。艾青是解放区的诗人，闻一多选择朗诵他的作品，不仅因其诗充满力量，饱含情感，还在于闻一多本人对解放区的向往。

抑扬顿挫的朗诵，是因他也感同身受，一字一句从他的口中都带着饱满的感情，这些感情，乘着声音，钻入大家的耳朵，一下一下地敲打着鼓膜，心脏也跟随着震动起来，揪心的疼痛让人铭记。

末了，会场上响起热烈的掌声，这是众人对闻一多的赞美。

5月3日，"五四以来青年运动总检讨晚会"在联合大学举行，与之前较为愉快的氛围相比，这次大会显得严肃了许多。

3500多人挤在大礼堂，每个人脸上的庄严使得现场有种说不出的肃穆感。闻一多第一个站了起来，这样的场景让他有些迫不及待，他清了清嗓子："我愿以读史的立场来说几句话。"

他说，当年的五四运动只是零散的、由爱国青年自发组织的一次运动，它没有具体的章程，由它之后，才开始了有组织的民主运动。

那时的国民党也十分重视这次运动，在其领导之下，才慢慢由一个民间自发的爱国运动向政治运动转变。对于这一改变，除了感谢当时的有志人士，还应感谢国民党。然而这几年下来，他们慢慢开始遗忘"民主"之名，眼下还企图压制正在萌芽的民主希望。

国民党的改变，应该值得庆幸，因为正是这一改变，才有了后来更加深入的民主运动，未来才会有更加彻底的民主运动。就像这20多年来的中国，半殖民地半封建的程度在逐步加深的同时，人民也在随之进步，不论过程多么艰难，胜利最终是向着人民群众的！

闻一多之言直抵人心，说出了渴望民主的民众共同的愿望。是啊，过程艰辛，胜利在望！

5月4日，当年五四运动爆发的日子，这么几天来的纪念，就在这一天再次进入了高潮。除了有4所高校组织的球赛之外，还有阳光美术社举行的美术展。

6000多人欢聚在云南大学的操场之上，他们心潮澎湃。本来吴晗等人是要做演讲的，但突然而至的大雨，浇熄了大家的热情，人们尖叫着四处躲避，场面一时混乱。

此时，闻一多登上演讲台大喊："是青年的都过来！"这一声震惊了全场，众人慢慢缓过神来，看着站在演讲台上的闻一多，"是继承五四血统的青年都过来！这雨算得什么雨，雨，为我们洗兵！"

的确，这点雨算得了什么？当年周武王讨伐纣王时，也是在出兵时遇到了雨，可他们退缩了吗？没有！这雨不仅没有逼退他们，反而点燃了他们的士气，洗去一路烟尘，道路更加清晰，战斗不就更有激情了吗？

"是行动的时候了""让民主回到民间去"这是闻一多发自心灵深处的怒吼，一声声呼唤，换来的是觉醒的心。房檐下、树荫里，原本躲雨的青年们，一个个都站了出来，雨是什么？雨是为他们呐喊的后援兵。激动的人群，聚在一起便是一次大游行。

青云街、正义路、福照街、金碧路……到处都是人群，到处都是游行，这辆"民主坦克"，浩浩荡荡地宣扬着民主的名字，就像装着民主导弹的航母，将威力十足的炮弹直射中国的心脏，溅起的不是血，不是泪，是希望！

五四过去了，但五四的精神没有过去，就像一直呐喊的民主，也绝不会过去！

游行进行了很久，大家没有感到丝毫疲倦，那澎湃的激情犹如盘旋而上的旋翼，炽热的爱国心便是永不枯竭的能源，没有停歇地一直向前。

次日，联合大学图书馆门前聚满了成百上千的人，这里将由各个文学社联合举办文艺晚会，会上解释了将五四定为文艺节的始末，关于这一改变，大家都表示赞成，这意味着五四不再只是一个民间的纪念日，而是有政府支持的节日。

楚图南、李广田等人都做了精彩演讲，闻一多演讲的题目是

《艾青与田间》，就像之前他选择朗诵艾青的诗一样，艾青那表现人民及战斗的诗，被闻一多赞扬，没有浮夸的辞藻做装饰，没有浪漫情怀的点缀。艾青的诗，展现的就是赤裸裸的现实，字里行间都嵌满了诗人的灵魂。

不断前进的历史，推动着人类前进。是什么阻碍了你思想的奔跑？是你自己！抛弃固有的框架，站在时代的前端，看风，将历史吹向何方？

4. 全民反专制

物种进化遵从优胜劣汰的原则。事物既然存在，便自有它存在的道理，不是在完善自己的进化之中，就是在慢慢淘汰。一如专制制度，有人在完善它，也有人集众之力淘汰它。

1954 年，日寇的嚣张气焰已大大消减，侵华计划也已到达了破灭底线。

4 月下旬，中国共产党在延安召开了第七次全国代表大会，在这次大会之上，共产党决定加大全国的团结力量，日本已是残喘之力，团结全国民众，必将能彻底铲除日本在华势力。毛泽东在大会上指出，只有建立联合政府才是中国此时唯一的选择，只有民主的政治，才是中国唯一的出路。

5 月初，国民党举办了第六届全国代表大会。

国民党在这次大会上提出的意见，几乎是针对共产党之前的发言。他们宣称共产党在延安所召开的是"颠覆政府，危害国家"的会议，共产党的主张，不过只是空头支票，实际目的是在破坏现有的抗日力量。

国民党公然的诽谤，是害怕共产党日渐壮大的力量的表现，妄想通过这些诋毁之言削减共产党的力量。

在这次代表大会召开后不久，国民党又开始准备国民参政会。国民党的责难，已使共产党失望之极，加之他们的独断专行，固执地选择专制政策，共产党于 6 月 16 日发言称，将不参加国民党在 7 月 7 日举办的国民参政会，也不会参与其对包办的国民大会的筹备计划。

国民党要的只是专制，所谓的代表大会，只不过是虚晃的民主旗子，卑劣的手法，又怎么会瞒得过共产党？

共产党的抵制，目的就是要揭穿国民党的虚伪，与空头民主划清界限。

中国人有一种思想，认为有些事情是可以通过商量解决的。位于两者之间的民主同盟的一些领导人就揣着这种想法，觉得没有什么事不可以协调解决，带着这样的想法，他们来到延安，意在劝说共产党参加这次国民大会。

民主同盟内部并不都是这样的态度。罗隆基就曾写信到民主同盟中央，对几位前去劝说共产党的领导人表示强烈反对。

民主同盟的目的是实现民主，而不是成为虚假民主的国民党的说客。闻一多也支持罗隆基的看法。可惜，罗隆基毕竟不是同盟高层，一封信也起不了什么作用，云南支部曾致函同盟中央，都没有得到回应。

劝解工作进行的并不顺利，共产党没有同意他们的请求。7 月 1 日，云南省各界民主人士联合发表了《昆明文化界致国民参政会电》，这是当时第一次有民间组织公开对国民党政府的举措提出异议——国民大会不能开！

这份电文的初稿由罗隆基撰写，闻一多参与了修改，电文在发表前一共三稿，闻一多都有参与。一字一句都是反复推敲，多少夜晚，伴随着通宵的打字声，直到黎明，那一缕阳光才唤醒他疲惫的影子。接着又是上课、备课，平凡的肉身里，住着的是钢铁的灵魂。

朋友担心他会累垮，劝他休息一下，闻一多也只是笑笑，说这是身为国文教员的职责。作为教员，他有义务为学生上课，他还是民主同盟云南支部的宣传部长，修订稿件也是他分内之事，在别人眼里，他是严格律己，但在他心中，这不过是自己的本分。

《昆明文化界致国民参政会电》中，首先就指出了这次国民参政会的参与者大多数属于国民党的势力，而其他无党派人士也是由国民党自己选出来的，属于国民党一派的达80%以上，剩下的一些自由派别的人即使全部不同意，也无法达到法定人数，无法否决，无法提案。

此次国民参政会不过只是国民党的报告会而已，他们要做什么已是路人皆知，来参与者不过只是单纯的听众，国民党一直在唱独角戏，而所谓的国民参政会，也仅是空挂民主招牌的专制大会。甚至，国民参政会上的提案都是事先审核过的。

审核提案，可将其规范化，避免在大会上有人提出无理要求。这一点是没错，但这无疑破坏了最重要的一点——民主，而且此国民参政会并不具备通过法律的职能，无权立法，无权改法。与其说国民参政会是聚集所有党派的一次集会，不如说是国民党一手包办的独幕剧。除了混淆视听，实在没有其他意义。

国民党的独角戏，并未得到云南民主同盟支部的人的赞成，闻一多、李公朴、吴晗、楚图南、游国恩等人纷纷在这份电文之上签名，表达对国民参政会的不满。

而国民大会的召开是必然的，无论是人民的意志，还是美国的施压，蒋介石都必须举办这次大会。

所谓国民大会，应由人民选择他们心中值得信任的人为他们发言，将这些反映民心的代表们聚集一起，开一次民主大会。可对于还政于民的做法，蒋介石一直持反对态度，他又怎会真的将民主置于国民大会之上呢？

蒋介石希望参与者尽可能是亲国民党的人，可有少量在野党人士，数量却要控制在参与人数的1/10之内，这样一来，就不会对国民党产生任何影响。

7月7日，国民大会并没有因外界的抗议而停止，还是如期召开。

国民党的这一做法，也激起了发出电文的云南民盟支部的愤慨。当天，他们就起草了《抗战八周年纪念日宣言》，主要内容以反对内战、反对国民大会、反对专制的"三反"为主。

配合这份宣言，他们还在报纸上发表言论——《我们对三个问题的意见》、《中国政治前途》等文章，如同一枚枚炸弹，炸醒了民众对民主的渴望，炸"死"了国民党专制。

当晚，1000多人聚集在一起，召开了七七纪念晚会，闻一多、潘大逵、潘光旦等人纷纷上台演说。对于闻一多他们的活动，国民党觉得不具威胁，继而无视。

国民党可以对闻一多等人的言论、活动不加理睬，但民主同盟却不能就此作罢，领导人对此极其重视。他们很快便发表声明，希望国民党能停止召开国民大会，联合大学中的两位参政员周炳琳、钱端升也发表声明，希望能重选代表。

对于外界反对之声的日益增大，国民党也不得不顺从民意，原本将于11月举办的国民大会也不得不延期。

民为贵，君为轻，民意不可违，民心不可逆，而民主也势在必行。

第十章　义胆群英起

1. 斗争终得果

1945 年，是特殊的一年。这一年，中国人民抗战胜利，反法西斯战争取得胜利，第二次世界大战结束。

1945 年 8 月 10 日深夜，昆明被绵绵细雨笼罩，原本冷清的街头，此时却灯火通明，没人愿意在那个时候睡去，每个人都守在广播前，侧耳聆听。

深夜的广播里，播放的是日本的乞降照会。日本终于收敛了自己的恶性，当日本天皇宣布无条件投降之时，华夏大地一片沸腾。

彼时的昆明，家家户户的屋顶上都插满各色彩旗，本应寂静的夜空，却被斑斓的烟火装饰的分外华丽，人们涌向街头，热情地欢呼着。噼里啪啦的爆竹声中，充斥着所有人的笑声。窄窄的巷道中，开着大吉普车的是美国大兵，胜利的喜悦同样在他们的脸上扩散，他们高高举起"V"手势，同嬉闹的人群一同欢呼。

当天，闻一多在司家营，他正打算利用暑假的空闲时间处理清华文研所的工作，为了保证工作效率，他并未收听广播，外界发生的事情他自然完全不知。直到第二天中午，日本投降的消息才传入他的耳朵。

看到兴冲冲赶到司家营的闻立鹤和王瑶时，闻一多隐约便知定有喜事，却不曾料到竟会是如此天大的喜事。当孩子们向闻一多宣布完这个消息之后，他按捺不住心中的喜悦，激动地跳了起来，手舞足蹈的样子活脱脱像个孩子。要不是他那一把大胡子向外人透露着年龄，恐怕没人会怀疑这个兴奋的身影是个小青年。

当年，跟随旅行团来昆明时闻一多就立下一个誓言：只要抗战不胜利，他就不剪胡子。如今，他终于可以将大胡子剃掉了。他很快跑到附近的小镇，找了一家理发店，将留了8年之久的胡须剃去。

长须一剃，闻一多变了一个人似的，红光满面，人也年轻不少。

在抗战期间，闻一多觉得中国人应团结一心，共同抵御外敌。1944年时，美国芝加哥大学邀请陈梦家前去演讲授课，闻一多极不赞同，但芝加哥大学的邀请确实难得，对陈梦家而言千载难逢。闻一多百般不情愿，也还是替他递交了请假书。

闻一多不赞成陈梦家出国讲课，也是考虑到当时的社会背景。今时，抗战胜利了，倘若再有外国的学校邀请，他必定是举双手赞同的。正因如此，当牛津大学邀请孙毓棠前去讲课时，闻一多大力支持，他还特地刻了一个章印送给孙毓棠。

闻一多的脑子里盘亘着这样的想法：抗战胜利之后，去国外讲课，"信乎！必国家有光荣而后个人乃有光荣也"。抗战胜利，国民心中的大患已除，工作、生活将更有滋味儿。

闻一多鼓励孙毓棠走出国门，不仅有利于他个人发展，还可将中国的文化推向世界。

抗战胜利了，仔细想来，胜利来之不易，而使中国获得这场胜利的并不单单是中国政府，闻一多觉得，国际反法西斯战线的力量才是最强大的。

日本的签降仪式在 9 月 2 日举行，作为国民党陆军总司令的顾毓琇前去参加。此前，顾毓琇在赶往南京的途中路过昆明，想到身在昆明的好友闻一多和潘光旦，特地停下了脚步前来探望。

闻一多再次见到顾毓琇时，他已是一套军装，煞是潇洒。闻一多不禁大吃一惊，想不到才几个春秋，好友已非庶民，他为好友的巨大转变感到高兴，并称这是清华的荣耀。

许久不见的好友，此番相见必是彻夜长谈。他们谈到了日本的投降，谈到了战后的建设。顾毓琇是国民党的高官，但闻一多毫不在意，依旧向他讲述了加入民盟的经历、看了共产党的著作之后的感悟。信任朋友，不拘小节，这就是闻一多的性格。

顾毓琇还有要事在身，不能在昆明逗留太久，匆匆相见，闻一多很快刻了一个象牙的名章送给顾毓琇，一是为了庆祝抗战胜利，二也是为了给老友一个念想。制作这枚象牙名章的时间很短，闻一多并没有刻上很深的痕迹，即便如此，其纪念意义甚大。

残暴的日本兵撤离了中国，留下的是满目疮痍的中国大地、伤痕累累的平民百姓、英勇奋战的卫国英雄，除此之外，还有狗仗人势的汉奸。

对于汉奸，闻一多认为决不能轻饶。这帮卖国的叛徒，为了蝇头小利就做起了敌人的走狗，非但没有为解救中国做出一点贡献，反而屡次将志士仁人推向水深火热之中。在抗争胜利之后，这帮卖国的汉奸们趁着伪军改编的机会将自己洗白，摇身一变成为曲线救国的"民族英雄"。

深受日军迫害的中国人民对此极其愤怒。当初抗战，闻一多更是怒火中烧，满腔愤慨化为文字，一笔一画犹如刀锋，这是他对汉奸们的恨。

闻一多将自己的恨意全部写进了《谨防汉奸合法化》一文中。"使汉奸合法化的，自己就是汉奸"，"硬把汉奸合法化了，只是掩耳盗铃的笨拙的把戏"，"对于一切的汉奸，人民的决心是要一网打尽的"。

那些戴着虚伪面具的"中国人"，索性"滚到你们的膏药旗下去"，与其委曲求全当一个中国人，倒不如露出你的本性，让我们看清你的真面目，"给你一泡唾沫!"

2. 拒内战之声

抗战的胜利，并不意味着中国就此走出困境，只能说暂时脱离了一大困境。当所有人都还沉浸在抗战胜利的喜悦之中时，另一个危机悄然而起。

国共之间的矛盾由来已久，绝非一朝一夕就可解决。在抵御外敌时，国共两党选择合作，形成统一战线，但这仅仅是抗战时期，此时抗战结束了，国共两党还能否继续合作？

国共两党的关系，很多人都不看好，都担心抗战结束之后，国共两党之间还会爆发战争。

当时的北平研究院院长在司家营参加庆祝抗战胜利的庆祝会上，曾对其他人表露过担忧，他担心抗战结束之后，内战将会再次上演。此一语道破众人之忧心。闻一多则坚定地表示，内战将不会发生。

闻一多对中国的未来寄予厚望，但基于国共两党的关系，他在形势发展之下也打不了包票。与其说"不会发生内战"是他的保证，倒不如说是他的希望。

就在全国人民都为抗战胜利庆祝之际，国民党有了下一步动作。

中华民国陆军第一上将，素有"天子门生第一人"的胡宗南，悄悄地调动了 9 个师的兵力，兵分四路，向陕甘宁边区发起了进攻。湘南、湘北、浙东、绥南、绥西等地都出现了大规模的军事暴动。这不是偶然的现象，这是国民党蓄谋已久的行动。没有上级的指示，胡宗南又怎敢贸然行动？其实，国民党早就暗中下令攻打延安了。

陕甘宁边区的战乱，闻一多不可谓不知。国民党的野心，他也略有了解，尽管他表示内战不会发生，可也仅是安慰别人的话罢了，他自己心里清楚，不发生内战的概率小之又小。从庆祝会上回来，他并不轻松，一直紧蹙的眉头显出了他心中的忧虑。偶遇李公朴，李公朴玩笑道："你的胡子是不是剃得早了些！"

其实大家心中都已明了，恐怕这场庆祝会结束之后，中国又将陷入战火之中。内战绝不可再起，日军侵华，中国已经满目疮痍，遍体鳞伤的中国实在经不起战乱，需要安定，需要休养生息。为了给中国创造更多的和平时间，闻一多他们又投身到另一场战斗当中。

8 月 14 日，日本政府宣布接受《波茨坦公告》，次日，日本裕仁天皇宣布日本无条件投降。就在这一天，闻一多他们又有了新动作。

闻一多联合周新民、楚图南、吴晗、罗隆基、潘光旦等 207人，以大家的名义，发表了《告国际友人书》。就在日本宣布无条件投降的当天，昆明街头随处可见印有《告国际友人书》字样的传单。

这份传单当初并非是为了抗战胜利所撰写。当时，中国民主同盟云南省支部为了纪念七七抗战 8 周年，特意起草了这篇文章，原本早就应该发表，却因字句的推敲及内容的商榷耽搁了，此时恰好赶上日本投降的时机，这份告书又添加了些内容之后便发表了。虽是日本投降之前起草，但它所表现的立场及观点，仍不失其应有的价值。

《告国际友人书》所阐述的是当前人们普遍关心的问题，关于中国接下来的选择，也在其中有详细说明。

抗战胜利之后，摆在中国面前的只有两条路，一条是继续选择国共合作，将民主彻底进行下去；一条就是发动内战，以国民党为首专制统治。

当局者有其思量，而中国人民在这道选择题上也早就有了自己的答案——"团结胜利的道路，民主的联合政府的路"。

抗日战争的胜利除了有盟军的全力支持之外，更重要的因素就是中国国内团结一心的抗日精神，假使中国当时选择继续内战，恐怕早已被日本霸占。正因国内团结，才有了最终的胜利。故此，只有团结才能救中国于水火。

早期的闻一多，对政治并未予以过多关注，他将目光全部投向诗歌。但民族危机，国家存亡，使其不得不关注政治。在接连的纷争之中，他的政治目光也日臻成熟起来，凭借自己渊博的学识，他对现实的分析也越来越深刻。

9 月 4 日，一场别开生面的晚会在昆明大地上演。这场晚会其名为"从胜利到和平"，由中法大学、联合大学、云南大学，三所学校的学生自治会组织，这并非寻常的庆祝晚会，晚会的目的是讨论中国的发展动向。大会气氛格外严肃。

周新民最先上台演讲，他以"苏联参战后的远东局势"打头，引起了广泛热议。紧接着上台的是刘思慕，他向在场所有人阐述了自己对日本投降之后，远东局势发展的想法。紧随其后的是王赣愚，他以"新时局的中国外交"一文博得满堂喝彩。

吴晗在他"怎样克服内战危机"一文中，把蒋介石与朱德做了一番对比，针对两人在日伪投降问题上采取的两种截然不同的态度阐述了自己的看法。

罗际隆也做了重要讲话，他通过"怎样走向民族团结的道路"的讲话，向众人表述了自己的军队国家化、政治民主化、财富大众化这三项主张。尚钺也在这次大会上向东北义勇军提出了自己的意见。

众友纷纷针对局势献计献策，闻一多也不例外，他也做了重要讲话。他说"人民和人民是不分的"，大家都希望世界和平，渴盼和平的心是一样的。正因内心中渴望着同样的东西，人民的心意才是相通的。无论是中国人民，还是美国人民，甚至是日本人民，大家应该站在一起。但是"人民和压迫人民的人是要分的"，闻一多寥寥数字，便将世间美丑一分为二。

预谋发动内战的，是以蒋介石为首的国民党们，但在一旁煽风点火、助纣为虐的却是美国人。对于美国的扶蒋政策，许多中国人早已有所警觉，闻一多更是如此。在这次大会上，他直接言明要小心美国反动派的动向——"谁在帮助我们内战，在帮中国反动分子在打内战，我们就要反对谁！"

水可载舟，亦可覆舟。在一次座谈会上，闻一多再次证实了古人之言。

那场座谈会是由联合大学的"社会科学研究会"组织的，闻

一多被邀请担任这次座谈会的指导老师。他的一席话，让在场之
人受益良多。

闻一多将战争的胜利因素简单地归结于三点，一是先进的武
器装备，二是优秀的领导者，三是广大的人民。而这三者正如同
金字塔，武器装备是金字塔的塔尖，领导人是金字塔的塔身，而
人民则是金字塔的基础。宏伟的金字塔，倘若失去了坚固稳定的
基础，再怎么华美，也危如累卵。战争同样如此，武器装备及领导
人的能力是制胜的两个要素，但最基础、最重要的还是广大人民。

闻一多说，得民心者得天下，特务们则污蔑他是"疯子"，
然天下若因道理而止于杀，疯上一回又何妨呢？

民主周刊社跟一些组织相互合作，接连发布了好几份公开声
明，如《迎接胜利反对内战通电》、《为反对内战致美国政府代
电》。这几份公开声明也表明了民众对美国干涉中国内政，企图
破坏中国和平的不良居心的控诉。美国领事馆的总领事兰登敦在
给美国驻华大使馆的快报中，也一一提及了这些内容。

人民的本意，是打算借此让美国政府注意，意识到自己的做
法欠妥，希望美国政府趁早醒悟，停止扶蒋政策。也希望通过这
种方法让蒋介石听到民众的心声，停止升级国共两党的矛盾。可
到最后，民心终不抵欲望，内战爆发了，伤痕累累的新中国该如
何向前？

3. 志士自救国

8 年抗战，8 年哀鸿遍野，中国人民渴望和平的信念愈发
强烈。

1945 年 8 月 13 日，毛泽东发表了《抗日战争胜利后的时局

和我们的方针》，在这篇文章中，他表述了自己维护和平的决心，指出"内战危险是十分严重的"。

8月15日，中国民盟在《在抗战胜利声中的紧急呼吁》一文中提出了"民主统一、和平建国"八字方针，并列举了十项具体主张。

8月25日，中国共产党中央委员会高举"和平民主团结"的旗帜，向人民传递民族希望，为饱受战火侵扰的中国人民指明了一条光明大道。

面对广大国民渴望和平的要求，国民党自然看在眼里，但仍"不知悔改"。正如毛泽东在《抗日战争胜利后的时局和我们的方针》里指出的那样，"蒋介石的方针已经定了"，国民党的目标并没有发生改变，不过，为了缓和政府与人民之间日趋紧张的关系，他们开始玩起了"假和平"。

从8月14日开始，接下来的时间里，蒋介石不断打电话到延安，邀请毛泽东到重庆一同商议国家大事。

毛泽东又怎会不知蒋介石在耍把戏？他也知道此次重庆之行危机重重，可却必须赴约。

蒋介石邀请毛泽东前去重庆，表面上说的是商讨国家大事，实际上却是打算在谈判桌上让毛泽东屈服。毛泽东若是拒绝前往，他们正好以此为借口，将矛头对准共产党，趁机发动内战；而若前来，则正中下怀。一方面，通过军队给毛泽东压力，使自己获得更多利益，另一方面，还可借此来缓解民众的敌视心态。

8月28日，毛泽东飞往重庆。

这是抗战胜利之后，国共两党首次和平洽谈，同毛泽东一同前往重庆的还有周恩来、王若飞等人。

为了能使这次洽谈会顺利进行，在会议期间，全国各地都进行了一系列民主活动，身在昆明的闻一多也自然义不容辞地加入到民主大浪之中。

联合大学本就是一个临时性学校，抗战胜利之后，本应各自返回原址，可因复原工具受到影响，还要在昆明再留一年。

9月2日，美国战列舰"密苏里"号停泊在日本东京湾，在这艘舰艇上，日本签署了投降协议书，而这一天也是联合大学的开学日。

开学当天，联合大学新诗社举办了一场"为胜利民族团结诗歌朗诵会"。这场盛况空前的朗诵会在联合大学新校舍东边的饭堂举行，当天到场者有1000多人。

为了贴切"胜利"这一主题，会场还别出心裁地布置成"V"字。五颜六色的彩纸贴满了会场，每张彩纸上都写着各个学生的心愿，既充当了美化工具，又很有意义。

9月4日，联合大学、中法大学、云南大学三所高校的学生自治会，同文协昆明分会、自由论坛社、民主周刊社、人民周报社、大路周刊社等合作，在诗歌朗诵会的举办地点举办了一场"从胜利到和平"联欢晚会。

这场晚会是昆明在抗战胜利之后，首次举办的大型集会，许多昆明市民都赶来参加。开场没多久，大批市民涌入场内，一时间人头攒动，热闹非凡。当晚，昆明电力供应不足，为了照明，会场点满了蜡烛，在橘黄色烛光的映衬之下，晚会正式开始。

李文宜第一个登台演讲，以"和平"为主题，就如何保持和平及保持什么样的和平发表了自己的看法。接着上台的是曾昭抡，他以"民主"为主题，之后上台的吴晗以"团结"为主题。

正义之士各抒己见，素来喜欢遣派特务捣乱的国民党自然不会袖手旁观。当天的聚会上，特务们一直伺机而动。

当时，云南大学的教授冯素陶上台演讲，他嗓门不大，特务们见此机会不住地起哄、怪叫。

担任这次晚会主席的是闻一多，他一眼就看出是国民党的特务们恶意捣乱，不禁勃然大怒，他跳到演讲台上，大声怒吼道："谁不主张这个会的站出来，谁不主张和平民主的站出来！"

一声怒吼，震得特务们哑口无言，当下闭嘴。闻一多定了定神，继续怒斥道："偷偷摸摸的不算得中国人，不配做中国人！"

闻一多的怒吼赢得了热烈的掌声，被其正义之火感染到的群众不由地高举拳头，齐声重复着闻一多的怒吼："站出来！是对的站出来！"毫无疑问，特务们点燃了所有人的怒火，整场晚会都被怒气笼罩着。

闻一多拿来一个扩音器，接着狂吼："谁不要人民，人民就不要谁！"一声声咆哮，犹如凶猛的野兽，在所有人的心中呼啸而过，也宛若一把把利剑，狠狠地刺穿了特务们的胸膛！不多时，起哄者不再言语了。

在这次晚会上，闻一多宣读了《昆明教育文化界庆祝胜利大会宣言》。这项宣言由吴晗起草，闻一多润色。宣言的主要内容，是向当时在重庆召开洽谈的国共两党领导人提出了召开政治会议、惩办汉奸贪官、宣布谈判经过、组织联合政府、资助穷困者返乡这几项请求。

9月15日，闻一多等人发起签名活动，昆明各界共1232人联名发表了《昆明各界人士为庆祝胜利及和平建设新中国的通电》，这份通电中提出了六项要求，比前几日的宣言更进了一步，通电直指国共两党的敏感点。在这份通电中，闻一多等人要求政府立即成立联合统帅部，解决军队统率问题、收复失地等。

就在这份通电发表的同时，张奚若也准备找一些教授单独再发表一份公开文件。10月1日，由张奚若、闻一多、朱自清、汤用彤、吴之椿等10位教授联名发表了《国立西南联合大学张奚若等十教授为国共商谈致蒋介石毛泽东两先生电文》。这些人都是在国内外享有盛誉的知名学者，在国内拥有很高的威望。因此，这份电文一经发表，就引得国内外各大报社竞相转载。

这份电文中提出了新中国在建设过程当中继续解决的问题。其一，改变一人独裁的政治局势；其三，改变国民党的组织路线；其三，阻止军人干政；其四，严惩奸逆通敌之辈。

签署这份电文的10位教授当中，并没有共产党也没有曾经是共产党的人员，完全没有偏袒任何一方的嫌疑，皆是良心之语。这些教授们都已过不惑之龄，言语也无年轻人的冲动，字句严谨尖锐。他们所提出的建议，纯粹是在国家民族的立场之上提出的个人观点。正因为他们的意见中肯，电文一经公布便引起巨大反响。

4. 搭救同路人

彼时，国民党早已开始谋划内战事项，民众的接连反对触怒了他们，对那些反对内战之人，国民党开始暗中谋划——白色恐怖悄然发生。

国民党首先将魔爪对准了《扫荡报》。

《扫荡报》的前身是《扫荡三日刊》，由贺衷寒在南昌创办。1932年6月23日，《扫荡三日刊》因扩版而更名为《扫荡报》。

"扫荡报"的名字也是贺衷寒提出的，经蒋介石审核之后才确定下来。最初，《扫荡报》由国民党第五军出资运作，创刊之初是为共产党工作的，旨在铲除共产党执政过程中的障碍，其成为蒋介石的政治统治工具。

到了抗战时期，《扫荡报》的工作性质随之发生转变。

1945 年，日本宣布投降，当时在昆明负责《扫荡报》编制工作的是一些进步人士，还有一部分中共地下党。当时担任《扫荡报》总编的即是中共地下党高天（原名高紫瑜）。

在《扫荡报》创立之初，高天就已打入报社内部机构，并利用自己的人际关系跻身《扫荡报》总编辑之职。他任职期间，积极聘用先进人员担任报社编辑，吕剑、杨人鸿等人都曾在《扫荡报》工作过。

值得一提的是，当时《扫荡报》的副刊是由吕剑主编的，他所主编的副刊在昆明的文艺圈里具有很大的影响力。高天这批先进分子，就是利用自己的职务之特性，采用各种隐秘的手段将先进文化信息传递给人民。

国民党局势委员会对此深恶痛绝，一直将《扫荡报》看作昆明版的《新华日报》，早就有重整报社内部人员的计划。

首先被处理掉的是吕剑。他所主编的副刊影响力很大，国民党已有戒心。8 月 7 日，吕剑被罢免了《扫荡报》主编一职。可无权无职的他并未就此过上平静的生活，国民党暗中派遣特务偷偷跟踪他，同时被跟踪的还有另一位《扫荡报》的同人——张兆麟。

国民党的举动，让《扫荡报》内人员已有所警戒，但他们依旧冒着风险秘密进行着先进文化的传播工作。

9 月 3 日，主编高天也受到了国民党的政治陷害，当天秘密逃出昆明。

高天的出逃，加重了国民党整顿《扫荡报》的决心。9 月 12 日，杨人鸿被国民党特务抓获，被捕入狱。

闻一多并没有过多地接触《扫荡报》，可对吕剑主编的副刊有所了解。当他得知这一系列消息时，马上意识到，这是国民党向民主势利的公然挑衅。民主阵营的同伴正受到国民党的迫害，他怎能置身事外？随即，他与张光年、周新民等人展开了救援行动。

一天晚上，闻一多在《评论报》报社的楼上与张兆麟见面，当时在场的还有周新民。张兆麟向闻一多二人讲述了这些天国民党对《扫荡报》内部成员做出的种种恶行，并告知二人其他人员的去向。

高天已经逃离昆明，秘密进入越北，杨人鸿还在狱中，至于吕剑，他在周新民等人的帮助之下已到了建水。

究竟是谁搞起了这么多事端呢？闻一多等人就此展开讨论。他们认为，抓走杨人鸿的特务应该不是龙云的地方特务机关，多半是军统的人。

龙云是国民党官员，但他十分反感国民党中央特务的所作所为，他不允许中央特务们在昆明城内公开活动，并拒绝中央宪兵驻扎在昆明城内。按照他的性格，断然不会让自己的手下干迫害人民的事。

既然龙云不是抓走杨人鸿的幕后黑手，那么可否向他寻求帮助，求他帮忙解救深陷监狱的杨人鸿？

张兆麟提议向龙云寻求帮助，同时将他们的遭遇写在一篇文章之中交予云龙，向他揭露国民党的可耻行径。

闻一多很支持，并说对军统的态度此时可暂时搁置一边，首要任务是向龙云要人，最好能借机拉龙云入阵营。周新民补充说，应该让龙云知道杨人鸿被捕是军统特务的所为，军统特务们迫害民主人士，这是对人权的践踏，在昆明迫害先进人士也是对龙云权威的蔑视，他们的做法对昆明地方政府亦有深深的恶意。

随后，闻一多、张光年、萨空了、周新民聚在一起，继续商量对策。经过讨论，他们决定联名上书，向龙云叙述其中利害。他们在讨论过程中，想到了潘光旦，遂想把潘光旦的名字写在这份联名书的前面。

这样做是有原因的。潘光旦是云南宪政研究会成员，与上层人员多有联系，如若以他的名字领头，更能引起云龙的注意。再则，潘光旦还担任联合大学教务长，也是少有几个既与上层人物接触，而闻一多他们也能接近的人物，倘若他能答应此事，就等于成功了一半。

潘光旦也是一位民主人士，得知闻一多他们的请愿之后，二话不说，当即答应。

很快，张光年就将这份联名书起草完毕，闻一多又细心地润色了一番，便交由萨空了誊录，随后就交上去了。

在这份联名书当中，闻一多他们首先就指出中央特务们这几日在昆明频繁活动，对大批民主人士的人身安全都造成了极大威胁。信中说，杨人鸿的被捕完全要归咎于特务，对一个专心做学问鲜少过问政治的人，国民党其实完全没理由如此针锋相对，更不应该逮捕其入狱。而吕剑，只因与高天相熟就被中央特务跟踪数日，更是不合情理。

在呈交联名书时，闻一多也在场，他说，中央特务们在龙云的管辖范围之内，如此大规模地活动，显然没有将龙云放在眼里，这是在藐视他的权威。

龙云看完这份联名书，听完闻一多的话，他立即下令，要求军统放人。

国民党的发难，如同大块落石，闻一多等人则是落石之下的小草，看似柔弱却坚韧无比。他们会蛰伏，可绝不会屈服！

5. 挑舆论大旗

国民党刻意发难于民主人士，幸好受到迫害的仍属少数，此时，人民才是反抗他们的有力武器！但如何才能让人民彻底明了国民党的恶劣行径，以点燃他们的正义之火呢？

是时，报纸、杂志充当着信息传播的主要工具，正义一方若想得到人民的支持，就必须将国民党的所作所为刊登出去，这就需要借助出版社的力量。

《扫荡报》的遭遇让业内同行都有所耳闻，大家都表示同情，因此，联合出版社的主意一出，便引来各大同行。自由论坛社、人民周报社、大路周刊社等民主报社都决定参与这次活动。

9月15日，闻一多、吴晗等人代表各个报纸杂志前来商讨联合事宜，经过一番研究之后，众人在28日决定联合各大出版社之力，合作一个新刊——《人民大路》。

国民党的眼线遍布各地，几大出版社联合，这么大的动静自然引起了他们的关注。这次，国民党再次将魔爪伸出，受到威胁的是郭相卿。

郭相卿是云南大学的学生，同时也是自由论坛社的社长。当初提出创办《自由论坛》的是杜迈之，但他也只是提议，真正实施计划的是郭相卿，该论坛均由他出资成功创办。当初，大家决定将《自由论坛》定义为月刊，但最终做成了周刊。

闻一多也是自由论坛的一员，可并未过多地参与到出版社的工作中。费孝通、潘光旦等人在出版社担任社务委员，主要工作是引导出版社向民主方向前进，以及刊物的编辑管理和经费的筹措。

作为社长的郭相卿，原本同意与其他出版社联合，但是，在受到国民党特务的威胁之后，他改变了主意。在之后的《自由论坛》上，他刊登了一则启事，表示并不赞成与其他出版社联合，甚至还对社务委员潘光旦进行了一番侮辱。

郭相卿的行为引起了自由论坛社全体社员的反感，大家急忙召开紧急会议，会上一致决定罢免郭相卿社长之职，同时又向外界发表了一份声明，表示将与其他出版社继续保持联合关系。

虽为社长，但郭相卿毕竟还只是学生，社员们决定对其宽大处理，罢免了其社长之职，但仍保留社籍。可悲的是，社员们的一片好心却并没有让他彻底醒悟。

当时，社员们的决定刊登在 9 月 17 日昆明版《中共日报》上。起初，郭相卿表示悔过，3 天之后却再次反口。9 月 20 日，他也在《中共日报》上刊登了一则启事，倒打一耙。

郭相卿再次出尔反尔，彻底激怒了社员们，对报社原本并不过问的闻一多在得知此事的前因后果之后，亦是怒不可遏。

郭相卿是学生，也的确涉世不深，但他至少也是个成年人，应该对自己的行为负责，两次三番地改口，实在有违常理。闻一多等人明白，郭相卿态度几次反复，多半是国民党暗中捣鬼，试图通过他来分裂民主势力。

闻一多、吴晗马上召集其他相关人员商量对策。通过表决，社员们一致同意开除郭相卿社籍，并追回他担任社务委员之时向社员筹集的 100 多万款项，同时还决定解散自由论坛社。

这一事件的发生让闻一多意识到，单一几家出版社的联合也难以与政府对抗，由此他也坚定了要联合昆明出版界的决心。

一番紧锣密鼓的筹备之后，昆明出版界的联合会于 9 月 25

日在文艺沙龙正式拉开了帷幕。这是昆明出版界首次筹备会，当时到场的有天野社、诗与散文社、真报等十多个社会团体，民主周刊社由闻一多代表参加。

这次联合会上，昆明各个出版社均表示在这一时刻应该相互合作，共同御敌。闻一多提议创办《时代评论》，以专门为高级知识分子提供一个可以探讨的场地，在场大多数人都表示赞同。

一番斟酌，闻一多终于确定了《时代评论》的编委会成员。杂志的主编由费孝通担任，发行人为王康，同时具体的编辑工作也由王康负责。编委会成员除了这两人，还有闻家驷、吴晗、向达、张奚若等。

王康是闻一多的亲戚，但闻一多并不避嫌，他相信王康的能力，才会委以重任。他说，《时代评论》与学生创办的书刊不同，应该优先采用教授们写的文章，只要是爱国的，愿意说公道话的，就采用他的文章。王康细心听着闻一多的指点。

任何一个刊物的编辑出版都需钱，经费问题能解决吗？王康将自己的担忧告知闻一多，闻一多表示经费暂时没有问题，他让王康先动用50万当作本金。这笔钱一部分是由民盟云南省支部拨给他们的，还有一部分来自《民主周刊》的广告费。

对王康来说，负责一个刊物并非难事，但如何让刊物正常运行就有难度了。可就如闻一多的眼光一般，王康果真不负所望。

王康确实有能力，50万的本金只花了30万，做到第六期时，形势大好，一下子就有了70万的收益。

有了经济基础，也并不意味着《时代评论》能一直这么顺利地创办下去。王康结合前人经验，向闻一多提议由他全权负责《时代评论》。

王康之所以这样做，是有其考虑的。常言道，人多力量大，但人多了，意见也就多了，意见分歧是刊物编辑常遇到的问题，这往往也是导致杂志停刊的主要因素。全权由一人负责，对刊物的运行来说十分有利。对于王康的建议，闻一多完全赞成，《时代评论》的编辑工作就此由王康一人当家。

办刊物需要到相关部门登记、审批通过之后方可出版，但国民党政府早就对这种宣扬民主的杂志恨入骨髓，又怎会让它通过审核呢？

闻一多想出的对策是，先把文件交由相关部门审核，与此同时进行刊物的编辑与出版工作。

事实证明，闻一多的对策很奏效。因为《时代评论》始终没得到批准，可却仍在照常出版，且在昆明还有不小的影响力，这是值得欣喜的。而这样的现实也愈发证明了一点：民主的发展是注定的，任何人也阻止不了。

第十一章　血与火之歌

1. 反内战演讲

违背民主之意愿，终将淹没于历史之洪流中。顺民意者长存，悖谬者必死。天下大事皆是此理，没有特例。

1945 年，中国的局势仍剑拔弩张，人民渴望民主的呼声日益高涨，国民党不得不有所顾忌。10 月 10 日，国共两党签署了《政府与中共代表会谈纪要》，这也表示国民党承认了中共的平等地位，也不得不承认和平建国的基本方针。

对于渴望和平民主的人民来说，这份文件的签订无疑给他们带来了一丝希望。天真的人民单纯地认为，这一次国民党将选择民主，却不曾想到，就在会谈纪要公布后不久，蒋介石公然撕毁合约。

蒋介石早就秘密下达了内战命令，绥远、上党、邯郸等解放区都受到了国民党军队的军事袭击。

蒋介石公然违反会谈纪要，使得国民党政权再一次大规模地失去民心，也加快了国民党政权的崩溃。他的反戈，对无辜的人民来说自是灾难，但从另一方面看，这也使得越来越多的中间势力开始将振兴中国的希望寄托于共产党的身上。

11月5日，共产党发布了"全国人民动员起来，用一切方法制止内战"的号召。号召一经发出，就受到各个地区、各界群众的积极响应。

11月19日，重庆成立了陪都反对内战联合会，20多个团体联名发表了《制止内战宣言》。21日，延安《解放日报》也刊登了爱国言论，号召全国同胞团结起来，一同响应《制止内战宣言》，积极投身于反对内战的运动之中。

一直都关心国家大事的昆明人民，这一次也自然不会落后，他们再一次站在了革命的最前沿。

昆明学联打算筹备"反内战时事演讲会"，11月23日傍晚，5名昆明学联的负责人来到闻一多的住处，希望他和吴晗能参加这次演讲会。两人马上答应，几人随即就演讲会的相关事宜进行了一番商讨。

内心炽热的闻一多，每每遇到这样的爱国演讲都是身先士卒。而在10月31日时，他就曾在联合大学学生自治会举办的"八年来的联大"检讨会上说，现在正是突破保守的冲锋时刻。

这几年来，闻一多的思想已日臻成熟，在许多实践当中，也逐渐掌握了一系列斗争方法。

近阶段，昆明的形势大不如前，龙云的下台，也使得昆明失去了以往的安全网。华岗在离开昆明前特地交代，要注意今后的斗争策略。昆明已不在云龙的掌控之下，这也就表明，昆明城内的国民党特务将大大增加，民主运动要处处小心。

想起华岗的交代，闻一多建议，这次演讲的内容可以让其他教授代为传达。毕竟昆明城内的安全系数不比往日，假如让国民党一直忌惮教授演讲，恐怕热血之士必然深陷危险之中，相反，让那些平时态度温和的教授代为传达，特务们也不敢采取过激举动。

吴晗对此很赞同。其实，邀请那些平时态度温和的教授参与这次演讲会，不仅可以更多地争取一些中间力量，同时那些对国共两党并没有偏见的教授也更能从客观角度去分析问题，这会在最大程度上反映出普通民众的意愿。

闻一多的建议也被学联接纳了，在这次演讲会的海报上，他推荐的杨西孟、伍启元都在邀请名单上。

虽然万事俱备，可东风实在姗姗来迟。演讲会的召开也并未有预料中的顺利，有一个人试图破坏这个民主晚会，他就是刚刚上任的云南省代理省政府主席、云南省党部主任李宗黄。

李宗黄，字伯英，云南白族人。参加过护国起义，云龙下台之后，他就被调回云南。李宗黄一心想当云南的一方霸主，再加上新官升任，一心想做点成绩出来，以便向蒋介石邀功。

"反内战时事演讲会"如同抗战时期常常召开的民主晚会，李宗黄却觉得这次也许就是他向蒋介石邀功的机会。

11月24日，李宗黄紧急召集了第五军军长邱清泉、警备总司令关麟征等人，随即召开了一个紧急会议，会议上通过了禁止集会的决定。之后，李宗黄便派人到云南大学施压，下令学校不得擅自将礼堂借出，并张贴公告以示群众。

年轻人很难控制好自己的情绪，面对李宗黄刻意破坏民主活动的行为，他们愤怒了，倔强着继续召开演讲会。

但是，演讲会的组织者们毕竟要考虑周全，因此也慎重得多，很快，民青便派人向民盟寻求帮助。

当时的情况十分危急，一触即发，稍有不慎，就有可能引起混乱。

国民党肆意挑起内战，民主战士们的一点点火苗，都有可能引起他们又一次大规模的军事行动。当时，驻守昆明的国民党第五军曾在1942年参加过缅甸战役，且是主力部队，实力不容小觑。该部队是国民党内唯一一支现代化装甲部队，是国民党"五大王牌"之一，被誉为"铁马雄狮"，有"王牌军摇篮"的美誉。与这么一支实力强劲的部队硬碰硬，显然是愚蠢的行为。

一边是政府的打压，一边是人民的怒火。

闻一多又想起了华岗离昆前的嘱托，"注意斗争策略。"对！必须改变策略，必须保护好这民主的火种。

与国民党军队硬碰无异于以卵击石，既然李宗黄不让云南大学借场地，那么可不可以将演讲会的场地换一个地方呢？

闻一多提议，将演讲会改在联大举行。李宗黄施压云大，可并未威胁联大，也没有要求联大禁止出借场地，故此在联大举办演讲会应该不成问题。

就这样，闻一多等人一方面避开了地方政府的打压，另一方面也平息了人民的怒火，真是一举两得。而为了让这场演讲会顺利进行，闻一多表示他将不会出席。他参与过太多类似的活动了，而他的出现总会让其紧张，此次好不容易打点好了一切，若是自己再出现，恐怕到时还会引起骚乱。他也建议吴晗不要露面，就算露面也不要发言。

遭受政治压力，爱国志士也无能为力。避其锋芒退而自守，原以为可相安无事，却不想徒增反对派的刁难。

2. 罢课示决心

1945 年 11 月 25 日，"反内战时事演讲会"在联合大学图书馆前的大草坪上举行。当天到场的有近 7000 人，除各大院校的学生之外，昆明各界人士纷纷到场。在这块"民主草坪"上，为自由呐喊的进步人士热情高涨。

这次演讲会，是闻一多这么多年以来第一次没有参加的民主集会，尽管不出席这次演讲会，但他并不放心，心中满是担忧，也无心再做其他。与其在家无所事事，不如出去转转，他想到大病初愈的罗伯特·白英，便从自家院子里摘了一束花，打算借机去看望一下这位老朋友。

这位来自美国的学者当时住在一位俄国酿酒师家中，酿酒师家的院子里种着几株一品红，花色艳丽，再加上酿酒师家中浓郁的酒香，此处着实让人沉醉。

在闻一多之后，又来了一位语言学家和两位年轻学者，几人聚在一起，开始谈论起政事。突然，外面传来了一阵响声，听声音，应该是从学校方向传来的。白英推测可能是鞭炮声，虽然他这么说，但他忧虑的神情已暴露了一切：恐怕他自己都不相信鞭炮之说。少顷，又是一阵噼里啪啦的声响，这次众人已能肯定这是枪声⋯⋯

李宗黄当初下令不准云南大学出借礼堂，第五军赶到学校之后并未看到集会，当即就往联合大学跑。看到大批群众聚集在此，他们随即鸣枪示威，试图以枪声威胁民众，以此干扰演讲会的进行。

第一个登台演讲的是联合大学教授钱端升，他演讲的题目是

"中国政治之认识"，正在演讲之际，国民党第五军已包围了联合大学的校门，现场气氛顿时紧张起来。

钱端升是国民党员，早年也认同国民党的所为，但中国的几番波折，已让他擦亮了双眼，他深刻地了解到联合政府的重要性。在参加国民参政会的时候，他曾几度强调联合政府的重要性，但回复给他的却是这凛冽的枪鸣。

嚣张的子弹再一次打断了演讲，呼啸着掠过人群，撕裂着空气，带着尖锐的声音。会场上的电线被国民党分子割断了，现场一片漆黑，与会者不得不打开汽灯。昏暗的灯光下，群众的心依旧火热。

国民党特务、云南省党部调查科主任查宗藩突然跳上了演讲台，一开口便辱骂共产党，说什么"内乱非内战"。台下立即一片骚动，在民众的嘲讽之中，他被轰下了台。

又是一阵枪响，国民党自知理亏妄想以枪来平息民愤。显然，他们想错了。胡乱鸣枪，只能证明他们的心虚和不自信。费孝通站了起来，怒喊道："为什么我们要黑暗中坐在此地开会呢？为的是呼吁和平！不但在黑夜中我们要呼吁和平，在枪声中我们还要呼吁和平！"

演讲会本就是一个寻常的民主集会，教授们发表的言论全都出自个人观点，想来学校方面会保护他们的安全，可突然闯进的大批士兵着实让他们大吃一惊。

考虑到情况有变，演讲会提前结束，可与会者并没有顺利离场。在联合大学校门外，聚集了一大批荷枪实弹的军人阻断了交通，大家无法通过，寒冬的夜晚，气温直逼冰点，大多数人还不曾吃晚饭，又冷又饿，不满的情绪在人群之中迅速扩散开来。

随着愤怒的蔓延，人们被迫寻找反抗的方式，这也成了四大学校学生罢课的导火线。

当天闻一多并未在场，当时到底发生了什么他也不清楚。对于学生罢课，他完全不知。而当他了解情况时，已是在第二天清晨。他还未出门，联合大学经济学系的学生黄福海赶到他的住处，告知他学生已经罢课了。

闻一多并不支持学生罢课，听黄福海这么一说，马上紧张起来，问黄福海可想过罢课的后果？可当他看到当天报纸上的报道时，他也愤怒了。

昆明的《中华日报》上，一篇《西郊匪警，黑夜枪声》记录下了演讲会当晚的消息。这"警"显然是指国民党第五军，而在场的教授、学生自然就是"匪"了。如此称谓，更强化了学生罢课的力度。

对于罢课，教授们的态度空前一致，无论是偏国民党的还是偏共产党的，抑或是平时不过问政治的，大家一致认为，演讲会当天国民党的行为太不合理。

11月29日，在教授会议上，这项决议全票通过。大家认为11月25日当晚，国民党当局的行为是对教育的巨大侮辱，建议应加强抗议。

闻一多、张奚若、冯友兰、朱自清、钱端升、赵锋喈、周炳琳、燕树棠此9位教授被推荐组成起草抗议书委员会，抗议书当天就写好并印刷散发。

这份抗议书，是联合大学有史以来第一次以全体教授的名义对政府的公开批评，很多人都很重视，尽管抗议书中的言辞略微谨慎，不带"火药"味，但也是对青年学生罢课运动的一种公开声援。

罢课的确能表达愤怒情绪，可并非长远之计，教授会还是希望学生能尽早复课。闻一多也觉得，罢课仅是一种斗争手段，绝不是最终目的，加之学生罢课在街上宣传时被国民党军人殴打，考虑到最终效果和学生的人身安全，他也同意教授会的决定。

11月29日下午，联合大学召开了全校学生训话，全体教授尽数出席。会上，教授们首先对国民党的可耻行为做了一番斥责，接着对学生近几日面对的不公正待遇表示同情，最后，宣布11月30日早上正式复课。

教授们的做法可以理解，他们都是自由主义的崇拜者，认为进化应该是缓慢的，故而大多主张温和的斗争方式，也因此才建议学生复课。学生们可不是这种态度。

昆明市中等以上学校罢课联合委员会开出了几条复课条件，条件没有达成便复课，这无异于投降。血气方刚的学生们不同意复课，他们很排斥教授会做出的复课决议。

师生双方皆不愿意妥协，会场上的气氛有些僵凝。师生间的矛盾看样子正在激化，地下党的同志们对此有些担心，他们觉得事态继续恶化，可能会发生更难以预料、控制的事。虽然他们支持学生罢课，可并不想节外生枝，出现其他不可抑制之情形。为此，中共云南省工委马上做出紧急决议，并派袁永熙前去做闻一多和吴晗的思想工作。

闻一多认识袁永熙，吴晗与他没有多少接触，两人见面后，还没谈几句便争吵了起来，声音越来越大，引来对门的闻一多前来。闻一多见是袁永熙，便拉过吴晗小声劝慰。

得之袁永熙的来意，闻一多当即明白，这定是共产党方面做出的决定，因此同意了他的建议，支持学生"有理有据"的罢课。知道袁永熙是共产党之后，吴晗也不再反对罢课。这时，洪继凯也来做解释工作，几个人聚在一起，又是一番讨论。闻一多、吴晗表示将全力配合工作。

第二天，吴晗便起草了《对昆市大中学生罢课抗议非法的武装干涉集会自由的声明》。在这份声明当中，他们表示声援学生的罢课运动。

师生的矛盾终于解决，上下凝聚一心，民主的力量得到了升华。

3. 惨案震仁心

日益强盛的民主力量，让一直打算建立专制政权的国民党政府开始畏惧，民意不可违，既然不能明里阻止，他们便开始在暗中使坏。

"反内战时事演讲会"上的混乱事件才刚结束没多久，在民间怨声载道之时，国民党政府再次行动，12月1日，昆明发生了一二·一惨案。

12月1日当天，联合大学、中法大学、云南大学等校园内突然涌进了大批武装分子，这群人中除了国民党军人，还有部分暴徒。这是一次有预谋、有组织的恐怖暴力袭击。他们气势汹汹地冲进校园之后，开始肆无忌惮地捣乱，见人就打，见物就砸，学校原本是让人进修钻研之地，此时却被他们折腾得面目全非。

当日上午10点左右，400多名佩戴"军官总队"队徽的军人聚集在联大校门外，以看壁报为由，想要强行闯入校内。尽管校警奋力阻拦，仍有十几名军人闯了进来。闯入校内的军人随即便开始殴打校警、学生，他们随身携带的木棍，随处可见的石头，都成了他们行凶的工具。

联大巡逻队的学生赶紧跑过来，费了九牛二虎之力，才将这些暴徒阻挡在校门之外，然后立即紧闭校门。

学生们的反抗，非但没有让暴徒知难而退，反倒让他们的猖狂气焰更盛。

被堵在校园外的士兵在队长的指挥下，向校门发起了强烈猛攻，很快，校门被毁坏。眼见士兵又要再次冲进校内，学生们群体反抗，这才守住了大门。

见学生们如此顽固，其中一名士兵悄悄拿出了手榴弹，拉开保险栓正准备往墙内扔去。此时，南菁中学的教师于再注意到这名士兵的行动，赶忙上前阻止。暴徒们见状，立即对他拳打脚踢。手榴弹最后还是被引爆了，他的头部被炸伤，当场牺牲。

正午时分，在三青团云南支团部秘书长周绅的组织之下，40多名暴徒闯进了联大师范学院，丝毫没有防备的师生们吓了一大跳。慌乱之中，学生们匆匆逃到隔壁的昆华工校。

与联大师范学院仅一墙之隔的昆华工校的学生们，见邻校遭到袭击，马上予以支援。昆华工校的张华昌就是赶来支援的人之一。

当他知道国民党暴徒在联大师范学院里放肆的时候，立即带领数十名同学翻过两校之间的围墙，与师范学院的师生一起同国民党武装暴徒殊死搏斗。

经过一番激烈的反抗，学生们渐渐将暴徒赶出了校门，但暴徒们并未就此罢休，随即往校内扔进了两枚手榴弹。两枚手榴弹接连爆炸，当时许多学生都遭了殃，不少学生身受重伤，其中一名学生——李鲁连当场死亡。

联大师范学院女学生潘琰被炸伤，倒在地上不能动弹。国民党暴徒再次闯了进来，发现她后没有半点怜悯之心，用刺刀对她一阵猛刺。这个花季少女，在如此凶残的国民党暴徒面前咽下了最后一口气。她的眼中，饱含着对暴徒们的愤怒和对这个世界的不舍。

赶来支援的张华昌被手榴弹的碎片击中头部，晕倒在一棵树下，国民党暴徒们发现之后便是一顿拳打脚踢。事后，张华昌被同学送去了医院，最终因抢救无效而死亡。那一年，他才16岁。

除了这4名牺牲的烈士，还有50多名青年都受到程度不同的伤害。而中法大学、云南大学也都成了这帮国民党暴徒的袭击之地。

12月1日这天，闻立鹤一瘸一拐地回到家中，一问才知，他也在这次事件中被打伤了。高孝贞心疼孩子，劝他不要再出门，闻立鹤却说："妈妈，我是闻一多的儿子，闻一多的儿子是不能休息的！"立鹤虽然年幼，但早已有了为民主事业奋斗的决心。

在获悉这次惨无人道的惨案始末后，闻一多愤怒到了极点，这场暴乱已超出了言语所能表达愤怒的范畴。闻一多说，一二·一事件"简直是黑色恐怖"，是比白色恐怖还要严重的事件，"一二·一的暴行太凶残丑恶！"

一二·一事件发生当晚，闻一多、吴晗见到了在一线指导罢联工作的洪季凯，三人不禁泪流满面。学生是国家的未来啊，国家的未来现在正被暴徒们侵害，这不仅是个人的损失，更是国家的伤痛！

三人的情绪良久才得以平复，接下来他们便开始商量着下一步工作。

对于这次暴动，联大师生们的愤怒已达了无以复加的地步。翌日，他们在联大的校务会议上决定向教育部发表电文，由教育部转交给蒋介石，请他派人来昆明调查这次事件。

之后的教授会议上，训导长查良钊报告了这次事件中学生及老师们的伤亡情况。听这份报告是残酷的，没人愿意面对这血淋淋的现实。

骇人听闻的一二·一惨案，让所有爱国志士不得不提防国民党的下一步动作，这次教授会议上成立了法律委员会，要通过法律手段解决这次暴乱。

12月2日，4名烈士的入殓仪式在联大图书馆前举行。当天，超过1500名民众参加了这次仪式。

国民党的暴力手段，在夺取烈士生命的同时，也将民主斗争推向了新阶段。

12月3日，联大学生自治会发表了《致教师书》，向教授们提议加入到学生的罢课运动中来，希望教授们也随之罢课，以此给国民党政府施加更大压力。闻一多第一个回应了学生们的建议，在教授会议上，他提出了罢教方案。

学生罢课，作为当时民众向政府施压的常用手段，虽然极端，却并不少见，但教授罢教却是民国时期从未出现过的。螃蟹虽然美味，但并非人人都愿当第一个吃它的人。枪打出头鸟，对从未出现过的罢教提案，大家还是有些顾虑，也比较谨慎。故此，当闻一多首次提出时，这份提案得到的回复是："延缓讨论"。

学生运动能否成功的关键，在于是否获得外界的支持，老师们的支持尤为重要。只有老师配合，斗争才能获得成功。因此，学生们都非常希望教授们能同意罢教。

学生的心情，闻一多可以理解，他也赞同他们的建议。为了能让更多教授接受罢教提议，他做了很多说服工作。

12月4日，围绕罢教问题，教授们展开了激烈讨论。这次教授会议从上午9点一直开到下午3点，在长达6个小时的激烈讨论中，教授们的观点相互碰撞，产生了异常激烈的火花。朱自清在自己的日记当中用"结果甚佳"来形容这场讨论会的成果。

最终，教授会议通过了停课7天的决议。这项决议指出，这次停课是对死难师生的哀悼，也是对地方当局蛮横施暴的强烈抗诉。尽管停课与罢教在字面上略有差异，但就目的而言，两者是相同的。

这项决议确系不凡之举，对教授们而言，已是达到了他们所能接受的最大限度。《新华日报》对此予以高度评价。

不畏强暴，坚持斗争，这不就是中华儿女骨子里透露出的本性吗？

4．师生齐抗敌

一二·一惨案的发生，刺痛了内心寻求光明之路的学生，他们纷纷以罢课的方式表达愤慨，随即教授们亦参与其中，与学生一起抗争。

停课7天，这是那时代少有的，虽然闻一多并不满意，可这也是他们可接受的最大限度。12月6日，罢委会对一二·一惨案的惩凶要求及抚恤赔偿做了补充说明。当天，联合大学的讲师、助教和教员们发表了一份联合声明，对外宣布罢教。

讲师、助教、教员们当机立断的做法，与教授们的唯唯诺诺形成了鲜明的对比，前一阵营的果断之风，也给了犹豫不决的教授们当头棒喝。教授们对罢教一直犹犹豫豫，这也表明了他们对学生呼声的冷淡态度。

只有师生齐心，才能在这场战斗中取得胜利。教授会议的决议，也只能表示教授们商量之后的折中态度，并非所有教授都满足于停课7天这项决议，比如闻一多。教授会议上已通过了停课决议，但他仍选择投身罢教的队列之中，他在《昆明市各大中学教师罢教宣言》上郑重地签上了名字，如他一样签名的还有潘光旦、费孝通、向达等人。

在昆明民主运动中，教师罢教实属一大壮举，极大地推动了民主运动的发展。教授们罢教，这是对学生爱国运动强有力的支持，是对国民党政府的一次有力打击，为民主运动的历史之卷挥上了浓墨重彩的一笔。

在联合大学的教授中，作为罢教运动的有力推动者闻一多，受到了广大学生的敬重。不仅因为他平时教书育人的严谨态度，更在于他能在如此危急关头义无反顾地选择站在学生的队伍，他的大无畏精神令学生们敬佩万分。

对一些教授优柔寡断的态度，闻一多嗤之以鼻。他曾在《人·兽·鬼》中写过一个关于打虎的故事：村子附近发现了老虎，村子里的小孩们凭借与生俱来的锐气与虎搏斗，但不幸牺牲，村子里的大人们便开始讨论如何处理。

在讨论过程中，村民的意见发生了分歧，有人建议打虎，有人提议不要去管老虎，还有人说老虎无罪。村民的态度不就是此时教授们的态度吗？在文章的最后，闻一多语重心长地写道："人兽是势不两立的，而我们也深信，最后的胜利必属于人！"

世间万事的发展，往往到了不可挽回的地步之时，人们才开始重视问题的严重性。一二·一惨案在全国各地都受到广泛关注，国人反内战活动也掀起了新一轮的高潮。在各地的民主运动中，声援昆明学生斗争成了当时民主运动的中心任务。

面对声势浩大的外界舆论，国民党不得不有所收敛。云南警备总司令关麟征曾两次来到联大，虚情假意地向广大受难师生表示歉意，并声称已经将凶手捉拿归案，希望学校能派出代表参加公审，以"解释误会"。

12月4日，"公审"在警备司令部开庭。

所谓的公审，无非就是事先安排好的一幕自欺欺人的把戏。担任这次公审的审判长是一二·一惨案发生当天才上任的省政府主席卢汉，而所谓的真凶，不过是他们抓来的几个替罪羊而已，真正的幕后凶手，却堂而皇之地担任了此次公审的"陪审官"。

群众的眼睛是雪亮的，谁都能看出关麟征在耍什么把戏。联大罢委会以及教授会都拒绝参加这次公审，何必浪费时间去看一场让人愤怒的烂戏？国民党愿意演，无非是在为自己寻找借口，哪能让他们顺意？

当天，联大罢委会发表了一份声明，直接点明国民党妄想以一场预先导演的"公审"为自己推卸责任，声明中指出，一二·一惨案的一切责任都应该由关麟征、李宗黄二人承担。

教授会也表示，将会委托校务会议召开一次新闻发布会，且将以书面形式将国民党试图掩饰的真相公布于众。

当时清华的校长梅贻琦正在北平，而南开的校长张伯苓担任国民参政会职务，实在脱不开身，新上任的北大代理校长傅斯年就成为联合大学的最高领导人。

傅斯年匆匆从重庆赶往昆明，统领大局。虽然他在赶来昆明时也发表了一些声明，但也不希望事情闹大。蒋介石发表《告昆明教育界书》之后，就下令击毙替罪羊。国民党抓住的"真凶"已经枪毙，傅斯年便开始催促学生、教授复教。

大家都心知肚明，被枪毙的不过是一些小角色，真正的幕后黑手却逍遥法外。掌管云南党政大军军权的李宗黄、关麟征、邱清泉，他们才是造成一二·一惨案的真凶。

教授会已经完成了书面说明，也明确指出国民党的丑恶嘴脸，但记者发布会却并没有召开，原因是傅斯年希望大事化小，便延迟新闻发布会。发布会恐怕是开不成了，书面说明则必须公布出去，必须要将事情的真相公布于众。

联大一直实行"教授治校"的管理方式，也就是说，但凡是教授会做出的决议，任谁都不可随意推翻。闻一多便利用这一点，与张奚若等人一同商量对策。

12月10日，在傅斯年的主持下召开了教授会议。会议还通过了对学生有利的决议。教授们将以教授会的名义写信给担任国民政府教育部政务次长的朱经农，请他转交给政府，信件的内容就是要求政府严惩一二·一惨案的真凶李宗黄、关麟征、邱清泉等人。

同时，教授会还更改了先前定下的在记者发布会上发表书面说明的决议，改为以书面形式分送给各大报馆。之所以做出这样的调整，主要是担心发布会延迟，那样恐怕就无法将这份书面说明告于天下了。

这份公开声明中，真实地向民众解释了事情的真相，声明并非来自意气用事的学生之手，而是由向来态度公正的教授会起草的，正因为如此，这份说明具有极高的可信度。国民党也深知教授会所言的分量，没人敢加以指责。

这份书面说明，是由闻一多以教授会书记的身份交给《民主周刊》的，说明一经发表，便引起了轩然大波。原本国民党还想在枪毙几个替罪羊的事情上大肆宣传，可由于这份说明，只得三缄其口。

师生团结，让民主力量更加强盛，纵使社会阴暗，民主的炮火也能炸出一条光明之路。

5. 公道在民心

豺狼不会因猎人的一颗子弹放弃猎物，节节败退的国民党就如这般，面对愈加猛烈的民主运动，他们开始下狠手了。

一二·一惨案，让全中国的民主运动凝聚在了一起，这是中华民族在抗战胜利之后，进入的第一个民主运动高潮。

面对人民日益高涨的民主热情，蒋介石愈发头疼。不单单是得不到人民的支持，他最初的计划也被共产党彻底打乱了。

从大形势上看，国民党之所以敢发动内战，一部分原因是有美国在背后撑腰，可受制于远东战略总政策的整体考虑，美国也不得不派特使前往中国，调解国共矛盾。当时的美国总统杜鲁门已任命马歇尔担任特使，国民党知道，若让马歇尔得知昆明事件，恐怕在之后的国共谈判上自己将少些砝码。

为了能在马歇尔赴华之前解决昆明事件，惯于权术的蒋介石发表了《告昆明教育界书》。在这份告书当中，他表示"一切问题必以恢复课业为前提，以正常手续为解决"，他还在告书当中暗示，为了平缓昆明的罢课风波，政府不会放弃采取解散联大的极端措施。

梅贻琦听到此消息，立刻放下手头工作，从北平赶往昆明。途经重庆时，教育部的熟人告诉他，解散联大的行动已经开始布置了。12 月 12 日，梅贻琦赶到昆明，抵达第二天，他得到消息，卢汉已经得到重庆发来的密电，国民党政府已下决定，假使 15 日之前联大再不复课，那么必将遭到解散。

这个消息无论真假，对联大最高负责人梅贻琦而言，都很有压力，在之后的行动中，复课成了他首要考虑的问题。

解散学校的消息不胫而走，在教授内部开始传播，有人还确定了这个消息并非莫须有，遂教授内部开始出现多种意见。在此之中，支持复课的教授占绝大多数，但支持复课并非不支持学生，对于先前提出的惩凶要求，他们仍然坚持，只是对长期罢课略有微词。

闻一多依然选择站在学生的队伍，12月14日，梅贻琦约见了他。经过1个多小时的谈话，双方并未达成共识，闻一多坚持继续罢课，梅贻琦也还是选择按计划行事。

12月15日，梅贻琦向学生代表训话，表示假若再继续罢课，学校的前途堪忧。学生并非不领情，只是对复课提出了一些都在情理之中的要求，遗憾的是，学校方面并未给出很合理的解决方案。12月17日，联大在这一天正式复课，可学生们未去上学。

梅贻琦对此感到很失望，他将责任归结于自己身上，心灰意冷的他在教授会上提出了辞呈。

身为校长，为学校的未来考虑，希望学生能尽早复课，一番言辞却没起任何作用，换做旁人也是自感无力的。梅贻琦的辞职，的确带着点情绪化，更多的则是无奈。

梅贻琦的为人和工作态度，大家有目共睹，他提出辞职，教授们纷纷劝阻，总算让他回了头。

梅贻琦很有感染力，他的辞职举动使得一向以他唯马首是瞻的教授们的情绪也受到了影响，就在他打消辞职念头的时候，有20多位教授也提出了辞职。辞职风波由梅贻琦引起，而他本人在校又颇具影响，老练的张奚若便请他出面挽留大家，这才使得辞职风波得到平息。

风波稍平，却又有教授提出将在20日复课，到时若仍没人回校，那么全体教授将一同辞职。这个极端的建议，有超过半数的教授同意。教授们选择用如此极端之法，也是无奈之举，他们所要面对的不仅有来自政府的压力，还有来自学生的压力。一面是政府解散学校的威胁，一面是学生们的抗议，夹在中间的教授们陷入了进退两难的境地。但若学校还在，之前的努力就不算白费。

闻一多当然不赞成这种带有威胁性质的辞职，他与钱端升、张奚若等人极力劝阻。闻一多认为，就算要辞职，也不能针对受难学生，应该把枪口对准那些发动暴乱的刽子手们。

12月17日，关麟征、邱清泉已被关押，等待着"辞职"或"议处"的处理，可关键人物李宗黄却仍居高位，实在令人心寒。

最终教授会调整了决议，或有妥协，称只要在20日当天有一个学生来校上课，他们就不会辞职。

这个决议如同虚言，因为学生当中的三青团自始至终都未参与罢课行动，也就是说，这个决议也只是个敷衍。后经闻一多的劝说，教授会又做出另一项决议："请求政府将李宗黄先予以撤职处分，如不能办到撤职，则教授全体辞职。"

就在辞职风波正盛期间，国内形势也有了一些变化。

12月15日，杜鲁门总统发表了对华政策声明，在这则声明中他表示，将以最大努力推进民主事业在中国的发展。

此时，政协会议即将在重庆召开。16日，共产党派周恩来、叶剑英等5名代表前往重庆参加此次会议。同日，英美苏三国的外长在莫斯科召开会议，会议上做出苏美军队尽早撤离中国的决议。

在国际压力的影响之下，蒋介石不得不做出了某些妥协性质的许诺，在一定程度上说，"反内战运动"还是达到了预期的目的。

长时间的罢课自然是不妥的，接下来只有修改复课要求，才能继续获得教授及广大社会人士的支持。因此，罢委会修改了复课要求，把惩凶以及中央社改正诬蔑报道作为复课的首要条件，并且提出取消非法禁令、抚恤及赔偿公私损失等最低要求。云南教授周新民提出"停灵复课"的建议，表示复课之后仍然要坚持斗争，直到胜利之后再出殡。他的建议被中共云南省工委采纳了。

罢课的事情急需处理，长久的罢课已让很多教授不再支持罢课活动了，越来越多的教授也不再参加教授会议，因此当他们得知罢委会将复课条件更改之后，内心十分欣喜。

此外，地下党希望能将梅贻琦争取过来。他在教授中有很高威望，若能将他争取过来，对今后的民主发展将大有裨益。

这个任务交给了闻一多。闻一多是梅贻琦的学生，由他出面，必定成功。闻一多也毫不推辞地接受了这个任务，他以学生身份拜访了梅贻琦，长谈将近 4 个小时，内容涉及到当时所要面对的种种问题，他言辞恳切，梅贻琦听之动容。

12 月 19 日，梅贻琦召开了教授会，会议上起草了《告学生书》，告书中表示，希望政府能早日将李宗黄予以处分，并要求政府停止之前的不合理禁令。梅贻琦已经意识到，只有让政府早日惩治凶手，学生才会接受复课的建议。

12 月 20 日，联大法律委员会又起草了两份《告诉状》，分别提交给了重庆实验地方法院、国民政府军事委员会，控告李宗黄、关麟征、邱清泉三人，称他们滥用职权，"阻挠集会，妨碍自由，聚众强暴，扰乱秩序，滥用权力，违法杀人，施毒打轰炸于学生，加侮辱伤害于教授"。

告诉状言辞犀利，态度鲜明，且是以教授会全体教授的名义投诉的。对李、关、邱三人的处分很快就下来了，12 月 24 日，在一片唾骂声中，李宗黄逃离了昆明。

李宗黄逃昆之后，要求中央社改正诬蔑报道便被提上日程。12 月 26 日，《梅贻琦常委熊庆来校长举行记者招待会报告"一二·一"惨案真相》在国民党机关报《中央日报》上登出。

至此，一二·一"运动"告一段落。民主战士们的努力没有白费，可也于其中付出了巨大代价。

第十二章　迎接新风雨

1. 旺民主之火

"一二·一"惨案的初步解决，离不开闻一多在其中的努力。在民主之路上，他从来都是身先士卒、鞠躬尽瘁。

1945年10月1日，中国民主同盟临时全国代表大会在重庆的上清寺特园内召开，这次会议在民盟历史之上是绝无仅有的。

在这次会议中，民盟成员重新审视了当时的社会形势，统一了对形势的认识，并且确认了今后的斗争方向。

长期以来，民盟日常工作由青年党把持，但是青年党的不合理做法，使越来越多的盟员对他们产生了不满。因此，在这次会议中，民盟增加了33名中央执行委员会委员，使得盟员在人数上占领了上风，闻一多就是在这时成为中央执行委员的。

临时全国代表大会结束之后，民盟云南省支部在12月23日又召开了盟员大会。

在这次大会中，也成立了新的执行委员会。主任委员由楚图南担任，宣传部长、组织部长分别由闻一多、冯素陶担任，执行委员会的实际行政工作由他们三人共同负责。除了他们，执行委员会的成员还有费孝通、潘光旦、王振华、杜迈之、杨一波、杨维骏、刘宝煊、赵沨，候补成员有陆钦墀、潘大逵、姜震中，吴晗担任民主周刊社社长，未入其中。

此外，按照中央委员会体制，大会上还成立了青年委员会、研究委员会、财务委员会、妇女委员会、文化工作委员会，各委员会的主任委员分别由闻一多、费孝通、潘光旦、王振华、李何林担任。大会还成立了秘书处，由杜迈之担任主任。

1946 年 1 月 10 日，在重庆召开了政治协商会议。各界党派派代表参与这次会议，与会代表有 38 人，其中民盟 9 人，社会贤达 9 人，国民党 8 人，共产党 7 人，青年党 5 人。

最初，在国共商量政协会议安排的名额当中，并没有分出名额给青年党，但国民党为了削弱民盟在政协会议中的分量，就将原本分给民盟的 9 个名额分出 5 个让给青年党。这件事让闻一多十分愤怒，更让他难以接受的是，青年党竟然没有一点推辞，双手笑纳。

后经协商，由共产党让出两个名额，国民党让出一个名额，然后新增加两个名额，这才使民盟再次拥有 9 个名额。共产党的大气之举，解决了民盟的名额纠纷，也让闻一多对共产党又多了几分好感，与此同时，共产党的不拘小节，也粉碎了国民党试图分化瓦解民盟地位的阴谋。

民盟除了派代表团去参加这次的政协大会之外，还邀请了 32 名知名学者组成政协代表顾问团一同参与。担任教育文化组顾问的是闻一多、潘光旦、侯外庐、杨卫玉、陶行知、董谓川 6 人，但闻一多并没有去重庆，他留在昆明，担任教育文化组顾问。尽管他并未赴渝，但顾问的工作仍做得相当出色。

1月13日，潘光旦、闻一多、吴晗、费孝通4人联名，在昆明《民主周刊》上发表了《致马歇尔特使书》。当时，民盟对杜鲁门总统派来解决中国内部纠纷的马歇尔特使寄予一线希望，认为他有可能调停中国内战。这份公开信由费孝通执笔，经过4人的反复推敲商议才定稿。

之所以写这封公开信，主要还是因东西方文化的差异。美国人不理解为何中国无法自己停止内战？为何民主运动在中国这么难发展？甚至有人开始怀疑，中国人是否真的渴望民主。这封信，便是向美国人解释这些问题的。

这封公开信，首先从秦始皇建立封建主义专制制度说起，解释了中国封建主义根深蒂固的原因，然后再讲到了中国近代民主运动所取得的成功。但从袁世凯统治到现在，中国的政治体制依旧没有脱离专制的范畴。后来到了抗战时期，由于时期特殊，"人民为了成全抗战的努力"，便一直容忍政府的种种专制行为，也正因这种容忍，使得政府更加为所欲为，统治者们利用人民的容忍，一而再地加强自己的集权性。

在召开政协会议期间，闻一多他们并不相信一个民主中国能产生，但对于政协会议的价值还是予以肯定的。他们认为，政协会议应该是"中国命运的转机"。

在公开信中，闻一多提出"要取消党治和独裁势是非把军队彻底改组不可"，假若不能彻底解决军队私有问题，中国的政局将不会出现转机。

这份公开信中还提到了中国经济现状：致使中国经济停滞不前的主要原因，是"政治上的腐化和权力上的滥用"。中国绝大部分的经济，中国绝大部分的财富，全都集中在这些少数的集权者手中。

针对前面提出的问题，公开信中也提出了相应的解决办法——"政府的改组"，而当前，最重要的就是建立一个民主政治中心的民意立法机关。

除了与潘光旦、吴晗、费孝通联名写信给马歇尔之外，闻一多还与张奚若、朱自清、金岳霖、钱端升、楚图南、卞之琳、吴之椿、李广田等194名教授一起联名发表了《昆明教育界致政治协商会议代电》。

在这份代电当中，教授们提出了亟待解决的现实问题。对于改组政府、修正宪法、整编军队、国民大会等问题提出了详细的意见。这些意见，自然全都是针对国民党的。

代电发出的第二天，闻一多又参与拟定的另一份重要文献——《政治协商会议昆明各界协进会宣言》也发表了。

在政协会议召开前不久，重庆各界人士成立了"政协会议陪都协进会"。协进会与政协会议几乎是同时召开的，协进会每天都会请政协代表报告会议的进展情况，向民众传达政协会议的最新进展，人民也将自己的意见反馈给政协代表，以此保证政协能向民主方向发展。

"政协会议昆明各界协进会"，就是从重庆协进会那里得到启发而创办的。昆明协进会成立当天，闻一多、张奚若、尚钺、楚图南、杨绍廷5人，还有民主周刊社、文协昆明分会等4个团体被选为执行委员。

政协会议召开期间，闻一多积极地参与到各类民主活动当中。

1月19日，昆明校联决定把《罢委会通讯》改为《学生报》，并将改版后的《学生报》作为学联的会刊。闻一多被学联邀请去题写刊头，但他却觉得张奚若更合适。

原本，民盟与共产党推荐将张奚若列入政协会议社会贤达名单。起初，张奚若万般推迟，坚决不肯参加这次会议，闻一多好说歹说，他才勉强答应。这位曾经参加过辛亥革命的老人，向来天不怕地不怕，国民党对他十分忌惮，便称他是国民党，不能以社会贤达的身份参加政协会议。

张奚若是老同盟会员，但并未加入国民党。当他得知国民党称他早已加入国民党党籍，并以此为由拒绝他参加政协时，自是相当气愤，他质问道："谁能证明我入过国民党？"国民党默不作声，但仍然坚持不许他参与政协会议。因此，在这个时候，由张奚若为《学生报》写刊头，不是更好吗？张奚若很高兴，便欣然接受了。

《学生报》题字的事情交给张奚若，闻一多则为《中国周报》题写刊头。《中国周报》由杨明、唐登岷等人于1月上旬创办，可因言辞犀利，发表很多抨击国民党的文章，很快就遭到了国民党的迫害。遭殃的不只《中国周报》，还有《学生报》《时代评论》《民主周刊》。

《时代评论》的稿子一直是鼎新印刷厂负责的，1月21日，《时代评论》编辑好第13期稿子后，如往常一样交由鼎新印刷厂，但印刷厂却拒绝印刷。原来，当天云南省党政军联席会议上决定，禁止印刷各种进步刊物。

1月23日，已经编辑好的第13期稿子被全部拆毁。同一天，送到鼎新印刷厂印刷的《民主周刊》《中国周报》同样被拒绝印刷。送到崇文印刷厂印刷的《学生报》也遭此命运。

国民党畏惧民主言论，试图靠拒绝印刷来熄灭民主之火，但其不曾想过，民主之火并不是俗世之火，愈是试图扑灭，愈是烧得火热。

2. 坚定护成果

正义不灭，民主不歇。纵然阻挠万千，民主之流终将积流成河，汇聚成海。

1946 年 1 月 31 日，政协会议落下帷幕。在这次政协会议中，得益于共产党、民主同盟的共同努力，著名的五项决议应运而生。

在军事方面，政协会议通过了"以政治军"、"军民分治"、"军党分治"、"军队属于国家"等规定。

在宪法上，保留了原来的《五五宪草》的基本内容，但在国家机构的权力及职能方面做了很大调整。改组政府之后，决定采取英美政治制度，原本的总统制将以委员制的集体政府替换，并且还确定了"扩大国民政府委员会"的原则。

在这次政协会议上，还对全国人民代表的名额进行了分配，共产党与民盟代表分得了1/4的名额，施政纲领通过了共产党起草的《和平建国纲领》。

政协会议是成功的，它的成功也让广大中国人民看到了民主的希望曙光。闻一多显然是因此大受鼓舞的人之一。作为学者，本应在前线为民主事业奋斗，此时，民主有望，这颗为民主操碎了的心终可休息了，许久不曾研究的学术知识，也终于不再被冷落。

有一天傍晚，闻一多、吴晗两人拿着小板凳，相约坐在院子里，泡上一杯酽茶，茶味清香，茶韵悠长。二人各点一支香烟，烟气氤氲。难得这么悠闲，闻一多感叹自己许久不曾看书，成天往外面倒东西，却没有新的东西补充，他觉着有些空虚。他说，等民主真正实现之后，就立刻回到书房，好好读个十年八年的书，补充补充知识。吴晗也正有这样的想法。

的确，民主斗士们洒下血泪，为国尽心尽力，满腔正义之血奔涌而出，却从来都是舍生忘死，舍小家而护大家，此真令人赞叹，也叫人直觉悲凉。

闻一多曾给梅贻琦写过一封信，希望能辞去清华中文系主任这一职务，他说自己当时接任时就已表明，自己这个中文系主任只是暂时的，"今者抗战胜利，复校在即，举凡系中有关结束现在、擘划将来之诸项事务，关系前途至为重大"，而国家此刻正是危难之际，为了避免连累他人，他认为此时正是兑现自己承诺的时候。

闻一多多次参与民主集会，是民主队伍中的中流砥柱，国民党早就视其为眼中钉，他此时提出辞呈，便会在一定程度上缓和国民党与学校的矛盾，毕竟自己不是学校领导了，他们再想找麻烦也会衡量一番。简单点说，打算辞职的闻一多，不希望因己而牵连他人。

闻一多其实并不打算搞政治活动，他曾对住在隔壁的冯友兰说过，等到政治稍有平缓之后，他就不再参与政治活动，只会"留个窗户时常向外看看"。

让他辞职的另一个重要原因，是他需要更多真正属于自己的时间。

联大中的三所院校即将各回原址，闻一多打算，回到北平之后，便开始着手以唯物史观观点研究中国文学史。作为一位知名学者，对于中国文学史的研究自然不会肤浅，但他认为自己对唯物史观的研究还不足。担任中文系主任，工作繁多，他需要将更多精力和时间投入到自己的目标上，去写一部"史的诗"或"诗的史"。

遗憾的是，政局稳定不过是国民党制造的假象，严峻的现实让闻一多不得不再次投入到民主战斗中去。

为了庆祝政协会议圆满落幕，重庆20多家社会团体打算在2月10日召开一个庆祝政协会议成功大会。可大会还没有开始，会场门口就出现了大批暴徒，他们冲进场内，打砸设备，还将扩音器抢走，不仅如此，场内人员遭到殴打，郭沫若、李公朴等人皆被打伤，这即是重庆"较场口血案"。

惨案传到了昆明，直脾气的闻一多难以压制心中怒火，火速与李何林、楚图南、洪深等人写信给郭沫若表示慰问。民主周刊社、妇女旬刊社、学生报社、时代评论社、中国周报社、昆明新报社、文艺新报社联合发表了《我们对于较场口血案的意见》。

2月17日，政治协商会议昆明促进会等几大社会团体联合举办了庆祝政协会议成功、抗议重庆"较场口血案"大会。就在大会举办前几天，一二·一惨案元凶——偷偷逃离昆明的李宗黄被任命为党政工作考核委员会秘书长，凶手非但没受到应有的惩罚，反倒继续封官加爵，这让昆明市民愤怒到极点。

这次大会，除了庆祝政协会议圆满落幕、抗议"较场口血案"之外，严惩一二·一惨案元凶也成为大会的主要内容之一。

当时政局动荡，"较场口血案"才过去一周，民主战士们公然召开这种批判性大会，有人担心国民党特务会前来捣乱，对与会人员造成威胁，但敢作敢为的闻一多毅然地担任起了这次大会的主席。国民党再凶残，他也不怕！

17日下午2时，在会议主席闻一多的宣布之下，大会正式召开。大会一开始，闻一多便当即发言。他说，这是中国近百年来民族解放运动的一个休止，近阶段发动的暴乱，都是"只看到少数人利益"、"没有远见"的反动派们破坏政协会议成果的行动，"我们要击破这反动势力！"

在闻一多之后上台演讲的是老国民党员诸辅成，白发苍苍的老前辈，痛心地表示惋惜，国民党愿意成为革命的对象，但"兄弟却不愿做革命的对象"。骄纵蛮横的只有那少部分人，他们仅为了自身利益，肆意窃取革命成果，试图通过暴力手段达到他们不可告人的目的，这让曾经与他们同属一个阵营的人感到羞愧。

会上，在一二·一惨案中被国民党暴徒炸断一条腿的缪祥烈被人拥上了讲台，他一瘸一拐地走上台，相信眼前的现实更能反映国民党的罪行！

云南大学附属中学学生自治会的成员将一张纸条递了上来，上面建议游行示威，除此之外，纸条上还有现实社、联大除夕社、人民壁报社、学习社、新阵地社的签名。另一张由联大除夕社、民主与科学社、人民世纪社等众多社团联名写的一份提议书，交给了昆明人民权利保障委员会。

当天下午 4 时 30 分，浩浩荡荡的游行队伍从联大新校舍出发，"反对任用杀人犯李宗黄！""立即改组政府！"……

伴随着一声声整齐有力的口号，游行队伍穿梭于昆明的大街小巷。这次游行，正是一二·一惨案之后的第一次大规模游行，游行队伍所到之处，民众无不以热烈的掌声表示欢迎。游行示威，它向所有人展示着昆明人民绝不向恶势力低头的品质。

闻一多等 30 多名主席团成员走在游行队伍的前头，面对突如其来的浩浩荡荡的队伍，路面的军警都不敢贸然行动，前几个月的猖狂模样此时竟看不到一丝影子。

闻一多抖擞精神，一声声地怒吼："特务哪里去了？他们是学乖了？还是泄气了？"

　　一万五千多人的队伍在昆明示威着，却没有特务捣蛋，为什么？因为他们不敢！面对这样团结、有气势的队伍，他们丧气了，他们害怕了！

　　闻一多的声音越来越大，像惊天的雷，叫醒沉睡的万物，回应他的也是千千万万像雷一般的声音。这一天，古老的昆明重换新生，就如同苏醒的雄狮怒吼着！

3. 寒心送烈士

　　1946 年 3 月 17 日，四位在一二·一惨案中牺牲的烈士，在这一天出殡了。

　　此前召开的政协会议上，五项决议的确立让人民看到了和平民主的希望，但这仅仅是国民党给出的假象，就在全国人民满心期待民主到来之际，国民党出尔反尔，非但没有严惩一二·一惨案的主要人员，还发动了"较场口血案"。即便如此，四烈士的尸骨也要入土，这也标志着一二·一"运动"的结束。

　　出殡当天，一切手续、步骤都安排得极为肃穆。

　　出殡的准备，早在一周前就开始了。挽诗由联大新诗社负责，挽歌由"高声唱"乐社负责编写，出殡时要用到的白花素纱，几乎是在全昆明市的女同学共同努力之下完成的。

　　为了这次出殡，联大特地设立了治丧委员会，委员会还设有殡仪部、路祭部、医救部、指挥部等十个部门，除了联大之外，云大、中法大学等 9 所学校组成了 9 支纠察队。

　　相关部门规定，车马不允许进入城内，抬烈士棺木的任务就由人力解决，许多志愿者都愿意参与其中。地方当局还禁止在城区内大喊口号，即便政府百般刁难，大家仍想到办法解决。既然不许喊口号，众人就决定用标语、挽联、路祭等形式来悼念四烈士，并以此作为反抗政府的武器。

3月17日上午11时，由3万多民众组成的出殡队伍从联大新校舍出发了。

出现在出殡队伍最前面的，是一个大字横幅，上面写着"一二·一惨案殉难烈士殡仪"，跟在横幅后的是"自由钟"。

在"自由钟"的钟声之下，由学联、联大等院校以及省市机关、团队、商会组成的殡仪主席团，悲壮地前行着。闻一多便在主席团队伍当中。

跟在主席团后面的，是一个由12块木板组成的横幅，每个木板上都各写一个字，分别是"民主使徒"、"你们死了还有我们"。走在木制横幅后面的是乐队，悲壮的乐章从每个乐手的手中缓缓流出，哀伤、悲痛，震慑人心。乐队后面是四烈士的棺木，棺木分别放在4辆有人拉着的马车上。

人们高举着标语、挽联，钟声响彻全城，哀乐布满巷陌。昆明市民纷纷涌上街头，前来吊唁四位烈士，看他们最后一眼，送他们最后一程。或低声抽泣，或号啕痛哭，此刻无须言语，一切伤痛不言而喻。没有人会忘记他们，他们是昆明的骄傲，是勇敢的英雄！

出殡队伍进行了长达6个小时的游行，闻一多等十多位教授全程参与其中，下午5时，出殡队伍才回到联大新校舍。

四烈士的墓地设在联大东北角，墓门是两根火炬石柱，在四烈士墓前的是一个用石头砌筑的高台，高台上并列着四个墓穴，这便是四烈士长眠之地，墓后是一块大理石墓壁，墓壁上是由闻一多用小篆雕刻的"四烈士之墓"五个大字。除此之外，闻一多还在墓壁上刻了《一二·一运动始末记》，他将这次运动的始末全都记录其中。

接下来进行的，是公葬典礼。

葬礼由联大训导主任查良钊主祭，闻一多、王赣愚、钱端升、吴晗、尚钺等教授作为陪祭，分别向四烈士致哀。墓地上站满了来自各大学校、百余团队的参与者，悲痛之情无以言表。就如同闻一多在《一二·一运动末记》中写的那样，"愿四烈士的血是给新中国的历史写下了最初的一页，愿它已经给民主的中国奠定了永久的基石"，"四烈士的血不会白流的"……

就在四烈士出殡的前一天，在重庆召开的国民党六届二中全会上通过了《对于政治协商会议之决议案》，否定了先前政协的决议，并修改了宪法草案的五项决定，推翻了民主，再次坚持独裁统治。

对于国民党的突然转变，全国上下一边倒，都是在责骂国民党。3月18日，周恩来在中外记者招待会上表示，希望全国人民能为实现政协决议而坚持斗争。

对国民党的临时倒戈，昆明的反应同样十分强烈。身为宣传部门的宣传人，闻一多、吴晗积极配合。民主周刊社、联合大众报社、时代评论社、学生报社等11个期刊报社，在3月25日发表了《对当前时局的态度》。文中直接点明，国民党六届二中全会的目的是"建立一个反动的领导"。次日，他们再次联名发表了《为国民党政府破坏政协决议和停战协定的抗议书》。

连发两份声明，却似乎没起到什么作用，国民党全然不顾民众之声，让事件发展形态愈发恶劣。国民党公然撕毁政协决议，共产党便拒绝参与接下来的国民参政会四届二中会议。没有了共产党的"羁绊"，国民党利用人数优势，在这次会议中强行通过了二中全会决议的原则。

更恶劣的是，原本国民参政会是一个全国民意机关，但参与这次参政会的几乎都是国民党阵营的，他们利用这虚假的"民意"，厚颜无耻地制造迎合他们意愿的结果。

闻一多原本天真地以为国民党这次能学乖，没想到却无耻得变本加厉，他气得直跺脚，大骂蒋介石。

是时，联大将要举行一次校友话别会，出于安全考虑，大家准备将会址选在龙云家的花园之中。龙云的大儿媳妇是联大毕业生，闻一多亲自出面与她交涉，她才同意担任这次校友话别会的主席，并腾出花园。

当天到场的教授有 60 多人，学生达两百余人。大家聚在一起，不觉间便开始讨论前不久刚闭幕的参政会。

说到参政会，闻一多便火冒三丈，情绪一激动，又开始骂起了蒋介石："他这些年造了多少孽，害了多少人民。我有名有姓，我叫闻一多，我就要骂！"闻一多的话与举办这次话别会的目的并不相符，但情到深处，便不能自已，尤其是一直被压抑的愤怒，零星的火苗，即可激发出熊熊烈火。

爱与恨本就是对立的，越爱一个事物，便越恨它的对立面。闻一多如是，对国民党恨之切，对共产党爱之深。

闻一多曾应长城中学的邀请，前去做了一场关于民主教育的演讲。在演讲中，为了跟国民党领导的地区作对比，他特地提及了解放区的情况。他说，根据赵超构的《延安一月记》中对延安的描述，可知在延安，警察只有 4 人。这让他不禁感慨，这才是青年人接受民主教育的好去处。

会场之中有几个顽固分子，追问闻一多如何知道延安只有 4 个警察？如何相信这个说法？闻一多随即解释，可任他怎样言之凿凿，他们仍固执地认为这不现实。闻一多说他们是一群长期生活在黑暗之中的人，已不再相信光明的存在，他感慨"我们当中有些人是够可怜的"。

4月8日，叶挺、王若飞等人乘坐飞机从重庆飞往延安，飞机在途经山西兴县黑茶上时不幸失事，机上人员皆罹难。

消息传至昆明，闻一多倍感痛心。原本政协昆明协进会打算为他们筹办追悼会，但会场问题迟迟未能解决，闻一多积极走动寻找解决办法，到底是迫于昆明当时形势复杂，这个追悼会最终没有办成，遗憾之至。

4. 国民党之"诡"

在推动民主前进的道路上，国民党一直以来都是一个阻碍。在反苏反共的同时，他们又策划了新的阴谋。

抗战胜利以来，国共双方始终矛盾不断，其中，东北问题是焦点问题之一。被日本迫害14年之久的东北人民，在抗战胜利之际，当然渴望和平的曙光。将日本侵略者赶出东北，自然也被共产党提上了日程。日本投降后，苏联也开始撤军。

1946年2月，苏联从东北撤军，同时还撤走了大批工业机械，而地质学家、矿业工程师张莘夫在辽宁抚顺火车站遇刺身亡一事，也加剧了民族情绪的蔓延。

是时，重庆首先发起了反苏游行，之后其他的城市也陆续爆发了反苏的游行活动。昆明便是其中之一。

2月24日，联大110位教授，联名发表的《对东北问题宣言》，见诸于《中央日报》上。在这篇宣言当中，教授们向政府提出了两点要求：第一点，首先是要求政府告知民众条约签订的过程，同时政府对一切有损主权的协商都必须予以拒绝；第二点，政府与苏联双方应遵守条约，希望苏联早日撤军的同时，将撤出的工业机械及资源一并归还，不要有超出条约规定范围之外的行为。

反对苏联的真正目的，其实就是削弱苏联对中国共产党的支持。这份宣言的一众组织者，也曾来找过闻一多，当然，他并不知道"反苏"的真正意图，可他也并非毫无理智之人，收到邀请，并未当即做出决定，而是先去找了潘光旦询问，当他得知，主持这份宣言的几个人都是国民党的顽固分子时，他知道，"凡是反动分子要办的事一定不是好事"，马上就与吴晗一同拒绝了签名。

宣言一经发表，国民党便对此大肆渲染。闻一多心知肚明，可要用什么方法才能让其他教授也清楚国民党的花招呢？国民党处心积虑，但终究是百密一疏。

在这份宣言起草的过程当中，向达、汤用彤等人就曾提出意见，建议在附注当中注明美军也应该撤军。如此这般，这份宣言的矛头就不单单是苏联，还指向了美国。遗憾的是，他们的建议并没有在发表后的宣言中被采纳。

闻一多得知后，立即找到了向达。经过他的一番解释，向达恍然明白了国民党的阴谋，随即发表了《一个声明》，并要求宣言中撤销自己的名字。

在这份声明当中，向达表示，自己当初就曾对宣言主持人之一的冯文潜说，"宣言原文非重改不可"，冯文潜当时也表示赞同。不过，宣言发表之后，却并未采纳向达的建议，他发出疑问，"为什么宣言发表时只要我的名字，而不要我的意见呢？"

国民党一直声称，这份宣言是民心所向，说这是"最为纯洁，非党派之争意气之争可比"，而向达这份声明一发，无疑是狠狠地打了国民党一个嘴巴。朱自清在自己的日记中曾写到过这件事，对于先前在宣言中签名后悔万分。

闻一多从这次宣言事件当中，更是深层次地认识了民主革命，同时也认清了其同民族解放的关系。他认为，民主革命与民族解放，二者的关系是密不可分的，只有正确把握了民主革命的根本意义，才能正确地认识民族解放的意义。这次宣言事件，便是民族解放意义被曲解的实例。

自 3 月 11 日以来，苏联军队便开始逐步撤离东北，随着苏军的北撤，国民党攻占东北解放区的计划也逐渐开始，东北问题不仅关系到中国国内的和平，对世界和平也有着重大影响，霎时，世界各国人民都对此十分关注。

很快，国共两党在民盟的调解之下，达成了向东北派遣执行小组的协议。然而，没过多久，国民党公然撕毁停战协议，向鞍山、海城、营口等地进军。蒋介石在其后的四届二次国民参政会上表示，在没完成东北主权接收之前，中国没有内政可言。此语一出，其野心也昭然若揭。

美国特别派遣了马歇尔大使来华，但在内战处理的问题上，却对蒋介石采取了全面让步的措施。一方面，美国始终对苏联存有偏见，对于苏联支持的共产党自然不会给什么好脸色看；另一方面，美国与国民党本就是一丘之貉，表面功夫做得再好，骨子里流着的仍旧是一样的"污浊"东西。

为了摆脱被动的局面，共产党决定主动出击。

4 月 18 日，共产党的优秀将领率领的部队发起了进攻，很快就解放了长春，随即趁热打铁，一鼓作气，接连解放了哈尔滨、齐齐哈尔。

就在这一天，马歇尔大使刚好返回中国，而其在返华的第 5

天，便同意美国海军向东北地区增援 9 个军兵力的决定。马歇尔的决定，严重违反了国共双方此前达成的整军协议。

对于东北的局势，全国人民，乃至世界人民都密切地关注着，对于美军的这一做法，太多人都表示无法理解。基于此，闻一多、吴晗、潘光旦、楚图南等 20 名教授联名，发表了《致马歇尔将军书》。

这封信的开头，便戳穿了国民党政府"企图在宪法中建立法西斯式的总统独裁制"的阴谋。为解决东北内战问题，信中还提供了三点要求：首先要求美军停止向国民党输送军队，其次是禁止美军向国民党提供武器装备，最后要求国共两党在执行小组的监督之下，停止东北内战。

这已经不是闻一多第一次联名上书给马歇尔了，与之前的那封信相比，这封信显然对美国不再抱有幻想，对马歇尔的批评之意也是毫不避讳。对于民盟的建议，马歇尔无动于衷，表面上敷衍了事，实际上已同意蒋介石武力进攻长春。

为了避免内战，闻一多采取了很多办法，其中之一就是向美国的和平人士宣传，寻求他们的帮助。

此前，美国成立了一个"国会争取和平委员会"，在委员会的主张中，有一项原则即是为盟国提供经济救助，但"反对以武器与装备转让给他们用来进行内战或对付殖民地人民"。这一项原则，对于和平的意义十分重大。为此，闻一多便联合楚图南、费孝通等 98 人以及 13 个团体，联名写信给美国国会争取和平委员会，表达出救助之意。

东北战火肆虐，国家安危堪忧，心系祖国命运与未来的闻一多，面对慌乱的政局，满心愁苦却无处诉说，终日奔波忙碌，只愿能出一份力，让和平的曙光早日映射于中华大地。

5. 甘心做 "尾巴"

常言道，宁为鸡头，不为牛尾，纵使牛尾强劲有力，但终不为人所喜爱。在国民党一众顽固分子的眼中，那些民主进步人士，就被形容为是 "共产党的尾巴"，其中的恶意，可想而知。

作为民主运动的先锋，闻一多自然免不了被顽固分子骂为 "共产党的尾巴"，可他对此总是淡淡一笑，并不在意。而对 "共产党的尾巴" 这一称谓，他曾谈了自己的看法。

那天，清华要召开一个审查研究生成绩的教授会，在会议开始之前，教授们聚在一起，无所顾忌地闲聊起来。也不知哪句话将话题转到了民盟身上，因为总有人说民盟是 "共产党的尾巴"，所以冯友兰便问了一句，"为什么要当尾巴？"

冯友兰的话略带戏谑，言语一出，便引来阵阵笑声。闻一多自然明白他并非恶意，他也并没有生气，坦诚且笃定地回答："我们就是共产党的尾巴。"原本，大家皆以为闻一多也会打趣地反驳，不曾想他却以一个坚定的结论作为总结，在场那些还一脸笑容的人顿时不再出声。

闻一多之所以对被称为 "共产党的尾巴" 毫不介意，是因为他觉得 "共产党做得对"，有头就必定有尾，二者并无尊卑高低之分，他也不认为做尾巴有什么不好，况且当 "共产党的尾巴"，那总是要好过成为 "国民党的尾巴" 的。

事实上，闻一多这 "共产党的尾巴" 之名并不准确，因为在某一方面来看，他非但不是 "尾巴"，反倒是某部分共产党的 "领头人"。

原本担任民主周刊社社长一职的吴晗，在是年 5 月上旬，带着妻子袁震离开了昆明。社长一职空缺，由闻一多接任。不久之后，担任民主周刊主编的杜迈之也离开了昆明，主编一职也空缺了，当时的民主周刊社急需招揽新人担任此重职。

曾经在重庆《新华日报》工作过的中国地下党员张子斋，成了冯素陶、楚图南推荐的首要人选。他创作的《法西斯的中国社会观》、《关于联合政府》等思想先进的文章，都曾被文化周刊采用刊登。闻一多也觉得，这位有开拓进取之精神的张子斋，是主编的不二人选。只是，因张子斋身份明显，且创作的文章思想性较强，民盟内部认为，由这位"耀眼之星"来担任主编似有不妥，最终，主编只能另寻他人。

除了张子斋，冯素陶、楚图南还推荐了另一位进步之士——唐登岷。在抗战之前，唐登岷在云南省工委委员会任职，负责一些宣传方面的工作。对于这位被推荐的对象，闻一多并不是太了解，他仅仅知道唐登岷曾在《中国周报》担任过编辑一职。但最终，闻一多还是十分信任唐登岷的，这是因为，唐登岷系共产党员，出于对共产党的绝对信任，主编之重职便由其来担当。

唐登岷上任之后不久，便发生了一次事件。

该事件的起源，是罗隆基在上海对外记者会上说的一番话。他说，中国要想得到和平，那么就必须让美国停止当前为国民党在东北方面输送兵力的行为。不消说，他的话很客观，也十分正确，更是直接揭开了国民党想百般掩饰的罪状。国民党狗急跳墙，反咬一口，时任国民党中央党部秘书长的吴铁城说罗隆基是共产党的人，并称民盟是共产党的"尾巴"！

面对国民党的恶意诽谤，唐登岷立即写了一篇《斥挑拨者——并质吴铁城及〈中央日报〉》。这篇文章言辞犀利，若想在《民主周刊》上发表，还得经过社长闻一多的审核。闻一多看完，一个字都没有修改，便直接发表了。

闻一多当机立断，丝毫不畏惧国民党的压力，在如此风口浪尖之时，能有如此大义之举，自是勇气的体现，实在难得，他的这种行为，也为共产党以及所有民主人士做了一个好榜样，其无异于民主运动的标杆。

1946 年春，一个署名为"欧昌同"的国民党特务，向国民党中央调查局发送了一份密报，指出联大教授闻一多、李何林、楚图南、尚健庵联合民盟成员吴晗、潘大逵以及若干昆明妇女联谊会成员抵达个旧，以演讲、演出等形式进行民主宣传活动。

不得不感叹，国民党特务们的消息的确灵通，此类鸡毛蒜皮的小事竟也能引起如此轩然大波，实在有些小题大做了。而事情的真相呢？的确与这密报上的内容相差不多，闻一多等人的确参与其中，但个旧之行却并非他们策划的。

追根溯源，还得从 1946 年年初说起。

当时，闻一多的学生中正好有几名个旧学生，他们打算回家，临行前，特地向闻一多告别。在与学生的交谈中，闻一多得知了个旧矿山破产的情况。他本就是个关心下层劳动人民之人，矿山破产，势必造成大批矿工失业，这令其动了恻隐之心，他希望到劳动人民中去看看，顺便在他们中间开展民主活动。

说者无心，听者有意。王明、彭尔莹等同学回到个旧老家之后，便在当地办起了"文化补习学校"，为那些辍学青年传授知识。与此同时，他们还向个旧文化协进会提出建议，希望能请学校的教授们来帮助修县志，个旧文化协进会接纳了王明等人的意见。

不久，昆明的个旧同乡会收到来信，信中说的正是此事。同乡会成员立即召开会议对此展开讨论，最后决定，由杨绍廷先去找闻一多商量。

学生们的请求，闻一多向来都是答应的。热心的他不仅答应帮忙，还为学生列了一份教授名单，更是亲自出面，请几名教授一同前往个旧。

原本决定，闻一多负责写文学部分的内容，生物、地理、地质部分的内容，则分别由李继侗、张印堂、冯景兰负责，李何林负责写文学评论部分，文史、语言等部分由邓太年、袁家骅、楚图南、尚钺把控。一切安排妥当，按部就班地实行即可。

然计划终究是计划，实施起来难免会有些偏差。闻一多由于被民盟推选为国民大会代表，因此没能前往个旧。

其实，这是一次统战工作的安排，虽然效果并不明显，但也可以表现出闻一多对统一战线的认识。在接连不断发生的事件当中，闻一多逐渐意识到统一战线的重要性，他也十分注意统一战线的形成。

闻一多特别看重与上层人士的关系，也不忘将他们凝聚在一起。他与云南省保安司令马瑛以及财政厅厅长华秀升都有着不浅的交情，同时与家财万贯的缪云台关系甚笃。

作为"共产党的尾巴"，闻一多对自己所能发之光之热竭尽所能。

龙云被赶下台之后，便去了重庆，但他并不希望自己在云南的影响力消失，因此，他找来了缪云台，希望其能想办法办一份报纸。缪云台便将龙云的想法告诉了龙云的长子龙纯武。新报登记是一件很烦琐的事，龙纯武思考再三，收购了自己弟弟的《观察报》。《观察报》原本是龙云三儿子办的，可由于经营不善，报纸停办了。

此时报纸经龙纯武之手重新发表，报纸复刊，想重新写刊头，龙纯武想着要与民主人士多多建立关系，于是便找来闻一多，请他题写刊头，闻一多点头答应。也正因其内心之血性，才逐渐令其成为国民党心头大患，这也成了他日后惨遭毒手的前兆。

民主，并非一人之力就可完成，任谁都知众人拾柴火焰高的道理。民主的力量，也自然是要凭靠群众合力，方能有所作为的。而这，也已成为闻一多余生致力之实。

第十三章　最后的日子

1. 寄青年之声

朝气蓬勃的年轻人，才是国家强盛的根本，少年强则国强，少年智则国智，每个年轻人的肩上，扛着的都是国家的荣辱兴衰。

1946 年 5 月 4 日，作为五四运动之后的第 27 个年头，联合大学自然准备了盛大的庆祝活动。这一天对联合大学来说是特殊的，当日，联合大学将结束联合办校，三所高校将迁回原址。联合大学的结业典礼，也在这一天举行。

上午 9 时许，结业典礼正式举行，人们汇聚在联大图书馆前的空地之上，细数着联大这几年来所取得的成就。

随后，众人又来到了新校舍后面的小土丘上，其上耸立着一块高大的纪念碑，碑上刻着由闻一多写的 11 个字——国立西南联合大学纪念碑。长长的碑文出自冯友兰之手，上面记录着联合大学的简历，供后人铭记。纪念碑的后面，刻着 800 多名学生的名字，他们都是当初为救国放弃学业，义无反顾地投身战斗之中的英雄学子——他们都是联大的骄傲。

结业典礼自然是隆重的，典礼召开之时，天空突然飘起了细雨，朦朦胧胧，让人心中不免多了一分悲怆，终于还是要分离了。

闻一多即将随着清华重回北平，昆明学联的学生们拉着他出席他们在云南大学致公堂举办的"青年运动检讨会"。这可能是闻一多为学生们做的最后一次演讲。

学生们清楚，心中敬仰万分的教授，不能再与他们为伍，众人无不珍视这最后的机会。这次检讨会，是以座谈会的形式举行的，会议的主题是"从'五·四'到'一二·一'，总结过去，展望未来"。

在检讨会上，有一个学生问了一个很具代表性的问题：青年们的任务是为大众百姓争取幸福与利益，是否也代表着要过问政事？

对此问题，就算学生不问，闻一多也曾数次思考过，多年的实践经验，让他早已有了答案。他也曾不止一次地回答过这个问题，他强调，是社会形势逼迫着我们不得不去过问政治。

为了让学生们内心更加清楚，闻一多并未简单地回答是与不是，他选择用实例来诠释。他以"五四运动"为例，他说："五四运动的初期，教师与同学是一致的。"随着运动的不断深入，师生之间的意见也开始出现了分歧，学生们的遭遇开始不被教师们同情，反倒是有更多的教师选择压制学生的运动，原因很简单，因为教师们认为"运动渐渐被政党操纵了"。

当时，领导五四运动的便是国民党，也就是从国民党接管之后，五四运动从学生自发的运动转变为一股政治力量。闻一多发问，试从当今角度回首重观，国民党的做法是否可取？假若国民党并没有这么做，五四运动在中国政治上还是否有如今这样重大的意义？答案如何，其实大家心中早有定数。

对于青年是否要过问政治的问题，闻一多的态度是肯定的，他认为，国家需要广大青年关心政治，他也非常赞同这一做法，并且希望学生们能参加一些政治性的组织，以此来拓宽眼界。

座谈会还聊到了抗战，闻一多首先肯定了共产党在抗日期间所作出的贡献，他还指出，"一二·九运动"也是在共产党的领导之下，才会有"七·七抗战"的局面。

他还强调，只有将青年运动转变为有组织的政治斗争，才能使运动成功，收到预期的效果，而这也是青年运动必然的发展趋势。

有同学在会上提到，昆明的学生运动，自四烈士出殡之后便不似从前那般活跃了，如同进入了疲惫的状态，这是否表示运动失败了？

闻一多解释道："并不是运动的失败"，相反，现在的表现恰好证明运动是成功的，正因为成功，所以它正往新的方向发展，进入到了一个新的阶段。在这个新的阶段之中，青年们的首要任务就是接受这一变化，同时也要寻找一个有组织的政治团体领导学生运动的发展。

自然界的法则，不就是优胜劣汰吗？在不断的实践过程当中，避免不了会有很多组织被淘汰，但留下来的那一小部分力量，却可以在正确的政治团体领导下、在有组织的规划之下，成为一股强而有力的政治力量。

闻一多所言甚是，若想在中国实现民主，一个能正确把握前进方向的革命党派是成功的关键所在。

　　凡事皆有两面性。闻一多希望学生能积极参加政治性的组织，但这也不是绝对的。对于还处于学习阶段的青年，尤其是中学生，当务之急是安心完成学业，参加政治组织，更多的是那些大三大四等即将步入社会的青年的责任。当时，可供参考的政党无非两个，一个共产党，一个国民党，虽然闻一多是民盟成员，但他并不规劝进步学生加入民盟。

　　座谈会终要结束，学生们在闻一多的思想导向下，也似乎辨清了方向。是时，联大的师生们已开始陆陆续续地离开昆明，不少学生都前来与闻一多告别。有一个学生前来辞行，希望闻一多能给他写下临别赠言，闻一多写道："士不可以不宏毅，任重而道远。"文末，他还盖了一个章，章上印有"叛徒"二字，闻一多解释，他是希望成为一个旧世界中的"叛徒"。

　　5月，王明、张家兴等几个年轻人聚在一起，打算合力创办一个文艺刊物——《今日文艺》，希望闻一多能为刊物写点什么。闻一多当初在昆华中学代过几节课，这几人都是他的学生，得知他们的来意之后，他很痛快地应允了。

　　不久，闻一多完成了《昆明的文艺青年与民主运动》，他说，就以这个当作《今日文艺》的序言，加上联大即将迁回，此文也可当作给昆明青年们的临别赠言。当时的学生们都不曾想到，这将成为闻一多为青年们写下的最后一篇文章。

　　在《昆明的文艺青年与民主运动》一文中，闻一多说到了八年抗战。抗战八年，予以昆明人民最大的伤害是精神方面的，而造成这伤害的罪魁祸首却并非日本人。因为抵御外敌而造成的伤害，这都是我们自己心甘情愿的，但这灾难却不仅仅是敌人造成的，而是"自家人赐予"的。人民也明白事情的本质，故而从民族自卫运动当中转变为民主自救运动。

对于昆明的文艺运动，闻一多是高度赞赏的，他说："抗战末期，昆明是民主运动的先锋。"昆明的文艺运动之所以重要，并不是因为昆明在这期间诞生了多少文豪巨作，而是昆明的文艺工作，是真真正正为人民服务的。通过"文艺的桥梁"，文艺工作者们，将民主的火种散布在广大人民的心中，使得民主得到了延续。

在文章中，闻一多也表达了对昆明文艺青年们的希望：期待昆明的文艺青年们能继续前辈们的民主事业，按照前辈们的步伐，继续往民主迈进。在继续为人民服务的过程当中，不要忘记西南的人民，尤其是那些少数民族。昆明文艺青年们是昆明民主运动的先锋，也是继续开垦这片民主沃土的主力军！

对于自身，闻一多同样也设下了很多目标。他知道，清华终将回归北平，虽然这段时间他一直留在昆明，但却不止一次地设想过回到北平之后要如何进行民主活动。为了能留在北平工作，他放弃了去美国的机会。

美国加州大学邀请闻一多前去担任客座教授，教授中国文学，加州大学还允许他携带家眷一同前往。这封邀请信是在 5 月时收到的，加州大学开出的条件极为诱人，那时的闻一多也曾想过出国。

闻一多离开美国已有 20 余载，虽说当年有些不快，但说不怀念，也是假的，毕竟向美国人民传播中国文化，这本就是一件好事，加之加州大学允许他携带家眷，举家前往美国，于学问、志愿而言，也皆是明智之选。闻家孩子听到可以出国，个个兴奋不已。

然而，闻一多最终还是选择放弃，他考虑到北平由于战乱，民主工作相较于其他地方还略有薄弱，比起去往美国，北平更需要他。

爱国之深，国有难，又怎能离去？正如闻一多所说，这里还是"是非之地"，但这里同样也是他的祖国，纵使前路坎坷，也要继续战斗。

2. 破白色恐怖

正义之士，总要走过一段披荆斩棘之路，才可于正途阔步而前。闻一多亦然，但舍弃美国的优越条件，决定留下来继续进行民主运动的他绝不会料想到，一场更大的危机正在向他逼近。

国民党仍旧忌惮着各种民主活动，五四前后，昆明街头，反动派也更加嚣张猖狂。面对国民党分子的卑劣行径，越来越多的正义之士纷纷挺身而出，势要与之针锋而对。

1946 年 5 月 31 日，东北内战前线海城传来了令人振奋的消息——云南子弟兵国民党第一八四师宣布起义！这也是内战以来，第一支师建制部队的起义军。这次起义，让昆明人民极为兴奋，这预示着国民党的统治正在日趋瓦解。国民党对此尤为震怒，他们开始意识到事态的严重性，紧接着，"白色恐怖"悄然上演。

进入 6 月之后，昆明的天气也开始燥热起来，阳光灿烂依旧，可昆明人民的脸上却是一片阴霾。是时，东北局势日趋紧张，国民党加重了管理力度，人民的心中逐渐被乌云覆盖。

如果说，五四前后，国民党的嚣张跋扈仅仅是一种宣泄，对民众毫无危险可言的话，那么此刻的昆明，人心惶惶，与之前是大不相同的。国民党方面，因担心起义军的势利会继续蔓延，便很快采取了特别手段，他们搜查了第一八四师所属的第六十军军长的私人住宅，就连军长的家中都毫无安全可言，更何况普通的老百姓呢？昆明人民开始过起了提心吊胆的生活。

作为民主运动的先锋人物，闻一多清楚地知道，假若继续放任国民党如此下去，好不容易取得的民主成果，恐怕都将付诸东流，故而眼下最重要的任务就是反击！很快，历经多年实践磨砺的他，便投入到了新一轮的战斗当中。

首先，闻一多将目光投向了熟悉的报纸杂志。作为民主周刊社的社长，他联合大众报社、诗与散文社、学生报社、今日文艺社、真理周报社、中国周报社等多家媒体，一同在 6 月 7 日那天刊登了《对目前国内情势的五项意见》，并给第一八四师的官兵们写了慰问信。信中，闻一多对官兵们的大义凛然之起义高度赞扬，称这是"第二次的护国起义"。

回看第一八四师的起义，以及人民支持其起义，其原因一目了然。除了国民党政府当时日渐嚣张的政治手段，最主要的原因，即是国民党政府再一次背信弃义。

蒋介石曾在 4 月下旬时提出过停战要求，声称只要共产党将军队撤离长春，便答应停战。站在客观的角度上来看，蒋介石的要求并不算合理，原则上来讲，停战才是首要的条件。

周恩来也曾发表过声明，表示共产党并没有计划控制东北，仅仅是希望能在东北新成立的政府当中有一定席位，他还说，希望能与国民党通过和平协商，在民主的基础之上，决定东北今后的问题。

周恩来的声明说得很有道理，但蒋介石坚持己见，只有共产党将军队撤离长春，进一步的谈话才有存在的可能。

此前，蒋介石曾多次做出"背信弃义"之事，但一心为了和平的民主同盟，只得再一次相信了他的承诺。这也难怪，民众都不愿意看到内战进一步扩大，纵使蒋介石的承诺难有几分可信度，可这也毕竟是对当时来说的唯一希望了。民主同盟算是下了赌注，力劝共产党答应蒋介石的条件。

为了能够实现和平，共产党考虑再三，亦做出了妥协。不久，共产党的军队从长春撤离。

江山易改，本性难移，蒋介石再一次用行动印证了这句话。他试图在共产党的退步中找到突破口，趁机扩大战果，并将第六十军当作前进路上的踏脚石。

第六十军是从越南参加受降之后被调到东北的，而这支云南子弟兵，却被国民党当成炮灰，其生死被置于九霄云外，故此，也才有了第一八四师起义，投身到反内战的队列之中。

是时，闻一多联合 12 家报社共同刊登《对目前国内情势的五项意见》，也是对起义官兵的一种响应。

就在第一八四师宣布起义之后不久，龙云留在昆明的最后一只滇军——第二十四师也接到了奔赴东北的命令。由于担心第二十四师再重蹈第六十军的覆辙，被当成炮灰，师长龙绳祖自行将军队解散了。

龙绳祖的目的是，通过解散军队，就可以最大限度地保护士兵们的安全，但他的一片苦心却反被国民党所利用。国民党将这次事件归咎于民盟策划，硬生生地将责任加给民盟，声称民盟将要进行武装游行。

在此紧要关头，第一八四师的师长潘朔瑞发表了一份公开声明，表示愿意成为民主同盟第一军，作为民主同盟的强力后盾，拥护民盟纲领。他的这番话，恰巧使得国民党更加有理有据地怀疑民盟。

船漏又遇打头风。此时发生的另一件事，也在无形之中加剧了国民党对民盟的污蔑。

6月24日，王康与禄厚坤举行订婚仪式，闻一多夫妇、张奚若、费孝通、潘光旦、禄国藩皆出席了这次仪式。王康是《时代评论》的主编，而禄厚坤是云南警备司令滇军宿将禄国藩的女儿，因两人身份特殊，这场订婚仪式被国民党盯上了。国民党造谣声称，这是民盟与地方政要搞政治串联的表现！

闻一多等人参加这次订婚仪式，无非是想向学生王康表示祝贺，更何况王康在昆明的亲属就只有闻一多一人，作为长辈，参加晚辈的订婚仪式，反倒被国民党这般污蔑，料想谁也不会开心。更何况仪式当天，禄国藩因为乘坐的汽车故障，未能及时赶到现场，与闻一多他们并未见面，何来政治串联一说？

不过，国民党的造谣，还是给民盟造成了很大困扰，为了解决眼下的危机，民盟云南省支部决定召开三次招待会，以正视听。

蒋介石自以为此事做得滴水不漏，却不曾想，其出尔反尔的做法惹怒了马歇尔。马歇尔一怒之下，表示美国将不再为国民党提供军事上的供给。蒋介石迫于无奈，发布了东北休战令，休战期为15天，到期之后又顺延了8天。

如此，这场长达半年之久的内战表面上停止了，但谁都明白，蒋介石并无停战之心，众人也都格外留心观察着那一时段的政局演变，民盟的招待会，也理所当然成了焦点。

一味地忍让，只会更加助长敌人嚣张的气焰，既然招待会如此引人注目，民盟便打定主意：在招待会上揭露国民党丑恶嘴脸，还民盟一个清白！

3. 三次招待会

针对反动派进攻的反击战已经吹响了号角，此刻就要打响第二炮！

6月26日，第一次招待会在商务酒店举行，当天到场的有闻一多、潘光旦、楚图南、李公朴，还有50多位地方党政军警负责人。

招待会上，潘光旦首先就这次招待会召开的意义做了一份报告，称这是民盟支部负责人首次正式与外界见面，由于国民党的诽谤，外界对民盟颇有微词，此次招待会上，他对此都予以说明解释。

接下来发言的是民盟云南省支部主委楚图南。楚图南向众人解释了民盟的一贯主张，并表示了民盟对当前局势的态度，强调"民族团结，和平建国"八个字。

经历过"较场口血案"的李公朴，虽然还未复原，但仍参与了这次招待会。面色苍白的他，依旧面带微笑地发言。他向大家报告了民盟的历史，指出国民党的诽谤谩骂是不可取的，他建议中国政党之间要以公开的方式相互批评，绝不可以搞武力对抗。

闻一多的发言尤为精彩。他先阐述了自己参与政治的原因，是因自己意识到政治并不仅仅是政治，它是一种生活态度，是人生的境界。他强调，政治的基础就是群众的爱，只有以群众为对象的爱，才配称得上是政治。他还表达了愿意与社会各界人士合作的愿望，"愿意以这满是粉笔灰、毫无血腥气味的手去扭转中国的历史"。

《道德经》有云，"一生二，二生三"，闻一多便引用这个哲理，说国民党是中国的第一大党，共产党便是第二大党，民盟是第三大党。正因第一大党的强盛，才衍生出第二大党，这便是"一生二"，用科学的历史发展眼光来看，第三大党的产生也是必然的。

那么，第三大党的发展是否会衍生出第四大党呢？闻一多坚定地回答："不会，绝对不会！"比如当前的青年党，他们不属于民盟，也不属于第四大党，非要归结，也只能算为第三类。有人问：同属第三大党，那么党派之间是否会相互排斥？闻一多说，民盟是第三类中的"中间的中坚"，因此是不会出现相互排斥的现象的。

闻一多这么说的目的，主要是为了证明民盟的出现以及存在并非人为创造的，是合乎逻辑的，是历史发展的必然。他还说起了那一时期国民党在昆明散播诋毁民盟的谣言的事实，并再次强调了"民主团结，和平建国"这八个字始终会是民盟的态度。

第一次招待会开了许久，直至傍晚时分才结束。

第二次招待会，仅间隔了一天，便于 28 日下午 3 点举行，地点依旧是商务酒店。主持者除了之前参与的闻一多等 4 人外，又加入了费孝通、冯素陶、潘大逵 3 人。当天参与来宾超过 80人，都是社会各界的优秀人士，此外，云大的朱驭欧教授、云南警备司令滇军宿将禄国藩、龙云的夫人顾映秋、梅贻琦的夫人韩咏华等皆有到场。

主持者们所讲的内容，基本上与第一次招待会所讲内容相似，或许是因为有了第一次的预热，这一次的反响相较之前，明显强烈了许多。

云大的朱驭欧教授表示，他愿意相信这次招待会的主办人都是站在民主的立场上的，是以文人学者的身份阐述自己的观点，因此他觉得这次招待会的动机是纯洁的。他相信，以主持者们的文学修养以及文学水平来看，他们对当前政治问题的判断应该是相对正确的。

清华校友、工业协会主席徐佩璜也参加了这次招待会，他十分赞同闻一多"以教育的态度从事政治"的观点，表示国民党掌权之后，确实与之前相较甚远，变得比谁都坏。

国民党的造谣，令很多人对民盟产生了误解。一位商业贤达在参加支持招待会之前，还以为民盟的领导人物都是一些"青面獠牙的怪物"，直到参会之后，才发现，原来他们都是"文质彬彬手无寸铁的书生"。

魔高一尺，道高一丈。国民党此前的诽谤，无疑在扰乱视听，破坏民盟形象，而此次招待会，则是民盟对自己形象的自救，也多亏了国民党的非难，让民盟有了召开发布会的理由，也使得更多民众有机会去深入地了解民盟，民盟为此赢得了更多的支持。

相较于民盟的光明磊落，国民党反动分子的行为就愈加显得卑劣。为了破坏招待会的正常进行，反动分子们绞尽脑汁。

由于会场入口有人把守，反动分子无法混入场内，他们只得在场外游转。看准时机后，便抢夺签名册，试图进一步迫害民主人士。可出席的名单，原本就是要刊登出来的，正义之士就是想让那帮反动分子们看看，并不是所有人都害怕他们的威胁！

只是，闻一多等人表现得越是无所畏惧，国民党的反动分子们便越是肆无忌惮。他们一看，没能成功破坏第二次招待会，便重整旗鼓，打起了第三次招待会的主意。

第三次招待会原本定在 29 日举行，但无孔不入的反动分子开始向商务酒店施加压力，迫于无奈，29 日上午，酒店负责人托人给民盟捎了句话，表示不太方便。

国民党想以此让民盟知难而退，但他们显然低估了对手的胆量——招待会会场，从商务酒店更改至冠生园，虽然几经波折，但仍正常举行。

这次招待会，主要接待的是各期刊及新闻的负责人，到会者共有三四十人，大家挤在冠生园楼上的正厅之中，以谈话的方式进行。大家围在一起，就当下热点问题展开了问答，比如用什么方式制止内战、民盟有什么报刊、美国军事援华法、马歇尔及仲裁权等。

有位记者问道："八天期满，内战仍打下去怎么办？"这个问题，应该是在场所有人，乃至全国人民都极为关心的问题。

闻一多回答："只要我要他不打内战，就打不起内战。"闻一多所说的"我"，当然并非指他一个人，而是指"每个不是丧心病狂或别有所图的真正善良的中国人民"。人民的意愿终究是最有利的武器，这也是最有效的制止手段，只要人民不愿意打，这内战也打不起来，即便是打起来了，也打不了多久。

会上，还有人问民盟有什么报刊，闻一多负责宣传工作，他说民盟的经费并不宽裕，并没有办很多报刊。可即便如此，民间依旧有很多非民盟的报刊对民盟予以支持，这些报刊在很多问题上与民盟都有相似的意见及看法。当然，若是能有个更广阔的言论平台，对于民盟而言也自不是坏事，要是有更多的报刊对民盟大力支持，这是再好不过的了。那时的民盟，也只能在有限的影响力范围内，做着无限之事。

在谈论到美国军事援华法的时候，大家各抒己见，正厅内也开始活跃了起来。

6月14日那天，美国国务卿贝纳斯向参议院提交了《美国军事援华法案》申请。这项法案，在第一次招待会那天，以 15 票对 2 票的结果通过了。法案中有一条规定，美军将把剩余的军备移交给国民党军队，并且为国民党军队安排美国军事代表团为其训练。美国政府还与国民党政府一同修改了《中美处置租借法案物资协定》，按照此协定，美方将会为国民党提供 5170 万美元的军用品。

美国明目张胆地为国民党提供军事上的援助，这遭到了社会各界人士的谴责。6 月 22 日，毛泽东对此发表了一份声明以示抗议。

6 月 23 日，上海 5 万名群众进行游行示威，以此抗议美国干涉中国内政的做法。请愿代表前往南京时，遭到了国民党特务们的殴打，多人受伤。其时，闻一多、楚图南、李公朴、潘光旦等人曾经联名发了一份电报安慰受伤同胞。

此时论及这个问题，闻一多再一次表明了自己的态度：美国当前的对话举措，严重违反了莫斯科四国外长会议对华声明，同时也违反了杜鲁门总统的对华声明。和平，是所有人都期望的，但美国的这种行为，显然是在破坏和平，这并非中国人的意愿，同样也不是美国人的意愿。

他说："我们可以发动向美国人民控诉美国政府的运动。"但是，"不必过高估计"，只有将希望寄托在人民的身上，这才是上上之策。

6 月 17 日时，军事三人小组国民党代表徐永昌，向周恩来提出的赋予马歇尔仲裁权的提议遭到了周恩来的拒绝。对于此事，有记者询问民盟的态度。

潘光旦认为，担任调解国共争端的第三者角色，民盟可以胜任。闻一多对其观点予以支持。在他看来，解决国共争端，不能依靠武力，而是应该以人民的意志去调解，而作为反映人民意志的民盟，相较于以个人观点来判断诸事的马歇尔来说，显然更适合这个位置。

闻一多进一步强调，"所谓的中间人并不是等于无原则的和事佬"，要做到明是非，辨真伪。而是非、真伪，皆以人民意愿为评判依据。民盟一直以来都属于不过问政治的无党派，因而在看待问题的时候，少了一份党派成见，也多了一份客观评价。

在这次会议上讨论的问题，闻一多都一一整理成《民盟的性质与作风》，并于 7 月 9 日刊登在了《民主周刊》上。

由于招待会是在复原时期举办，随着复原之人的离去，民盟的力量相较之前难免有些削弱。为了适应当时的环境变化，民盟云南省支部决定，印制各个机构的代用章。闻一多连夜赶至滇支部、组织部、宣传部、秘书处四方印章。次日，他将印章送至楚图南家时，两眼已是布满血丝，这是他一夜未眠的成果。

为了反对内战，闻一多还发动群众，呼吁和平人士万人签名。活动进行了短短几天，就已经有 5000 多人签名。每一个名字，都代表着一声怒吼；每一个名字，都代表着一种力量——一种反对内战的力量。

民主的力量在不断积聚，反对内战的呼声也愈来愈烈。

4. 李公朴之死

社会动荡，民众便开始怀念从前的舒适生活。自抗战以来，闻一多无时不想念清华园的清幽僻静。他想念北平的古朴，想念清华园的恬静，想念那书声琅琅，想念那溪流潺潺。最让他挂心的，莫属自家院子里栽种的花花草草，特别是那一簇挺拔的翠竹，予以坚强不屈，深得他心。离家愈久，对它们的牵挂愈甚。

此前，陈岱孙回北平接手清华园的时候，还曾问过闻一多是否有什么事情需要代为处理，闻一多想到的第一件事就是家中的竹子，后来陈岱孙回信告诉闻一多，竹子非但还在，而且更加茂盛，闻一多听闻，暖心一笑。

除了怀念清华园的家之外，对于自己的故乡，他也格外思念。"众鸟欣所托，吾亦爱吾庐"，这是出自陶渊明《玩松竹二首》诗句，闻一多将此句送给胞弟闻家驷。他用钟鼎文书写这句诗，诗文旁边还用楷书写了一句话："驷弟出纸嘱书陶句时同客滇南弥念湖上老宅也。"鸟因为有枝可栖而欣喜，人不也因为有家可念而欣慰？那是闻一多从小生活的地方，又怎会不想念？

离家许久，是该回去看看了。闻一多原本打算趁着这次复原，顺道回一趟老家，但这个念头最终还是打消了，因为国民大会要在南京召开，时间有限。国，危在旦夕，纵是思家心切，也只能在回忆之中一解乡愁之苦。

国难当头之际，恰逢父亲离世，可闻一多也未能回去料理，不禁伤心欲绝，一连几日，食不下咽。端午节那天，尚钺的妻子丁月秋向闻一多要字，希望他能在自己的伞面上挥笔。稍作思考，闻一多写下："长太息以掩涕兮，哀民生之多艰。"

那段日子，闻一多可谓心力交瘁。妻子高孝贞患有甲状腺炎，为此还引发了严重的心脏病。复原期间，考虑到妻子的病症，为避免路途颠簸而引起不适，闻一多决定改乘飞机回北平。家中不必要的东西全部变卖，只为凑够机票钱。然纵使机票昂贵，也相当难买，一票难求，全家人只能分批回去。

通过学校，闻一多得到两张机票，他先让立雕、立鹏两个孩子跟着自己的好友许维遹飞到重庆，在重庆等段时日，等一家人到齐之后再一同回北平。想到两个孩子还在长身体阶段，担心一路上他们会缺少营养，闻一多又省吃俭用，凑钱买了两瓶维生素，叮嘱他们路上小心，注意安全。

临别时依依不舍，满心期待着家人再度团聚，又怎知，这一走竟成永别。

这一年的5月初，国民党四处张贴侮辱民主人士的标语，他们将闻一多称为"闻一多夫"，将罗隆基称为"罗隆斯基"，说他们是苏联派来的间谍，有人还扬言要用40万买下闻一多的头。面对这些荒谬至极的言论，闻一多冷笑道："我的头那么值钱吗？"

不仅是满大街的标语，有些不良书刊还刊登一些过激言论，对闻一多进行人身攻击。外界还有传言，说李公朴返回昆明，目的是要与闻一多合作，创办暗杀公司。

无中生有的传言愈发过分，闻一多的同事、朋友们都很担心他的安全。不久，余冠英前来道别，他一想起这段日子的流言，满是担忧，一再地叮嘱闻一多要小心为上，并再三劝他早些离开这是非之地，迟则生变，夜长梦多，留得越久，越不安全。闻一多听完，点点头，笑而不语。

7月11日，联大最后一批复原的学生也乘坐汽车离开了昆明。面对空荡荡的学校，闻一多难免有些失落，但复原在即，想到不久之后便能与家人团聚，再回北平，其略感轻松。

山雨欲来风满楼。就在这天晚上，一个惊天的噩耗传来——李公朴死了！青云街学院坡，被特务暗杀的民盟中央执行委员李公朴倒在地上，民主的鲜血染红了这块他曾为之奋斗的土地。

闻一多得知这个消息时，已是凌晨1点。急促的敲门声，让他预感不妙，报信的青年说，李公朴遇刺，已送至云大医院治疗。闻听此言，闻一多不顾因高烧而倍感疲惫的身体，一下子从床上翻身下地，拿过手杖便打算出门。

夜已入深，李公朴刚遇刺，闻一多又有病在身，此时出门，保不准也会发生意外，高孝贞跟报信青年连忙拦着他，劝他天亮再去。几番撕扯，闻一多方才平稳。

这一晚，注定无眠。不断有人上门报告事情的发展情况，但来人越频繁，闻一多的心也凉得越透彻。恐惧，布满昆明的每个角落。

清晨5点左右，天已微亮，闻一多立刻赶到云大医院，在医院遇见了刚到场的尚钺、楚图南。可他们还是来迟了一步，4点多钟时，李公朴咽下了最后一口气，在临终之际，他说的最后一句话是："天快亮了吧。"这位民主战士，离世之时也未曾见到光明。

当时，李公朴的妻子张曼筠一直在身旁照料，面对渐渐冰冷的丈夫，这位与他共患难的坚强女性，终于忍不住失声痛哭，情绪崩溃。

不是说，大难不死，必有后福吗？七君子事件、较场口血案，他都撑过来了，这幸福就要到了，他怎么就走了呢？闻一多勉强支撑着身体，看着曾一同为民主奋战的战友，此时却冰冷地躺在病床之上，眼泪如决堤一般涌出，他不相信眼前发生的一切，他的口中不断重复着一句话："公朴没有死！"

消息传得很快，人们纷纷赶来看望李公朴最后一眼。闻一多强忍着悲痛，哽咽着吩咐赶来的女学生安慰张曼筠。随后，他便与楚图南等人赶到民主周刊社，召开了紧急会议。会上通过了三件事：对外发电公布事件、拟定抗议书送达警备司令部、筹组治丧委员会。

就在众人为李公朴的遇难愤愤不平，悲痛万分之际，街上传言再起，声称闻一多将是被暗杀的第二号人物。

若是之前，这样的话听完也就算了，但此时情况特殊，闻一多的众多好友纷纷劝其尽量减少外出，以避祸端。闻一多自然明白好友们的好意，但李公朴刚刚遇害，自己若是什么都不做，自是过不得心里一关。

既然外出危险，可却能操起笔杆，以尽绵薄之力。很快，《中国民主同盟云南省支部发言人为李公朴同志被暴徒暗杀事件之严重抗议》《李公朴先生被刺经过》相继写成。

闻一多在起草的过程中，曾有人提议文章应写得委婉一些，考虑到国民党的嚣张气焰，倘若言辞犀利，恐怕会对其他人不利。更何况凶手没有抓到，背后的主谋也尚未可知。

闻一多一番思虑后，拒绝了这个建议，他主张，在文章中直接指明背后真凶就是国民党。耿直的闻一多，是不屑于威逼利诱的，让他行文含糊笼统，这万万办不到。在当时那种极端恐怖的情形之下，闻一多依然能坚守己则，足以见其胆识。

7月13日下午，中苏文协昆明分会被查封。住在那里的金若年当时正好外出，幸免于难。而寄居在那的赵沨却被拘留，历经千辛万苦才逃了出来。听闻这两位仁人志士无处安身，闻一多大方地将他们接到自己家中。

晚上，民盟中的一员敲开了闻一多家的门，他告诉闻一多，三青团那边传来消息，称南京方面已经给昆明警备司令部等机关发来密报，云南警备总司令霍揆彰已下令要暗杀四人。不仅如此，还声言将逮捕十多人，这些人将全部都是民盟的主要负责人。盟员报信，主要还是提醒闻一多，今后小心行事。

盟员刚走不久，潘光旦的妻子赵瑞云急匆匆地跑了进来，神色慌张，她说家屋后面有人。立鹤、金若年立刻跑出去查看，黑漆漆的，并未发现人影。虽然如此，但众人都已经明白，国民党似乎已经开始行动了。

接下来的几天，西仓坡联大宿舍一直被恐惧笼罩。总有人在宿舍门口鬼鬼祟祟，有几个特务模样的人，竟直接走进宿舍之中，向人询问闻一多的穿着、长相。一时之间，联大宿舍人心惶惶。

高孝贞有心脏病，这一连串的刺激让她脆弱的心脏不堪负荷。她劝闻一多不要再出门，闻一多知道妻子担心自己的安危，对妻子说："现在好比是一只船，在大海里遇到了狂风恶浪，越在这种时候，越要把住舵，才能转危为安。"

闻一多言辞坚定，因为他深信邪不压正，国民党嚣张不了多久，一切都会转危为安。

5. 最后的演讲

违逆民意者是"魔"，顺应民意者是"道"。国民党深知其理，因而处心积虑地抑制民盟活动，试图以此来减少民盟愈来愈高的支持率，但不管他们如何费尽心思，注定发生的事情永远避免不了。

7月15日上午，李公朴殉难经过报告会在云大致公堂召开。几天来，外界疯传暗杀名单的事似已成真，考虑到闻一多的人身安全，一众朋友们纷纷劝他不要出席这次报告会，但闻一多执意前往。他说，若是因为反动派的威胁而放弃民主事业，这只会使国民党认为民主人士皆为胆小之人，更加助涨他们的威胁之风。他的坚持，让众好友无可奈何，最后双方达成协议：派人接送，且只出席，不发表言论。

护送闻一多前往会场的是杨明的弟弟——杨希孟。杨希孟抵达闻一多家时，见其早已穿戴整齐，恭候多时。最先从宿舍出来的是杨希孟，他来的时候注意到四周并无可疑人物，可出来时却见对面墙角多了一个人，那人头戴礼帽，身着西装，虎背熊腰。西仓坡东口也多了一个可疑之人，那人贼眉鼠眼，穿了一件美式夹克，细细思量，便可知二者皆非善类。

闻一多见了，毫不退缩，横眉冷对，拄着拐杖说，"走！"言罢，便昂首阔步。

杨希孟是被派来保护闻一多的，此时他紧紧跟在闻一多身边，前面是贼眉鼠眼，后面是彪形大汉，杨希孟从未见过这样的阵势，不免有些紧张。

相比之下，闻一多显得平静多了，他料想国民党特务们也不敢在光天化日之下行凶，他镇静如常，反而还与杨希孟聊天，以此来缓和他紧张的情绪。

西仓坡是条狭窄的小巷，较为偏僻，特务们在这里下手的概率很大。闻一多估计特务们不敢下手，但世事难料，万一真下了手，恐怕会殃及杨希孟。为防止意外，闻一多偏过头去，小声地对杨希孟说："你离我远一点，不要和我并排。"

杨希孟自然清楚闻一多是在保护他，可他并没忘记自己的任务，他见前面那个贼眉鼠眼的人已经出了巷子，心想应该没什么威胁了，他只是担心后面那个彪形大汉会暗中开枪，因此放慢了脚步，故意绕道闻一多的身后，用自己的身子挡住后面大汉的视线。闻一多转过头去看了杨希孟一眼，略带责备的目光之中，包含着对他舍身护己的敬意。

或许是因杨希孟的挺身而出，挡住了那大汉的视线，抑或是那人本就不是特务，最后，闻一多安全抵达了西仓坡。出了西仓坡就是翠湖北路，这里人来人往，特务们是绝不敢在此行凶的。

如此，闻一多两人安全到达报告会现场。

闻一多坐在最前面，说好不演讲，但他仍然要参与其中。

报告会开始后，李公朴的妻子张曼筠叙述了李公朴遇刺的经过。这是一段很沉重的经历，尤其是让至爱之人再次回忆事件经过，其剜心之痛是无以言表的。张曼筠几度哽咽，难以开口，终而声泪俱下地叙述了经过，听者无不奋袖出臂。

"他在死前，就知道随时可以死。"张曼筠说道。近几日的流言想必李公朴也听说了，虽不知真假，但他早已经做好了赴死的准备。"我今天跨出了这道门，不知道能否跨进来。"每次出门，李公朴总是这么嘱咐妻子。倒不是他多心，只怪国民党太嚣张，身处于乱世，朝不保夕已是常事。

就如同张曼筠说的那样，虽然李公朴离开了人世，但他所留下来的精神一直还在。是时，就在她因悲痛而再度哽咽之际，混进会场的国民党特务便开始捣乱，他们起哄、怪叫，致使报告无法正常进行。

默不作声的闻一多彻底为特务们的狂妄之举所震怒，心中的怒火蹿起几丈。他走上前，搀扶起悲痛欲绝的张曼筠，这位还未从丈夫去世的悲痛之中走出的伤心人，却被这帮狂妄之徒再次重伤。他扶着她坐下，随即做了一次即兴演讲。

因为一件"最卑劣最无耻的事情"，大家聚集在一起，为了安慰李公朴先生的在天之灵，为了抚慰还活着的人的伤痛。可就是这么一个神圣的地方，却混进了一些"失掉良心的中国人"。李公朴先生无非就是"用笔写写字，用嘴说说话"，不过是写别人之所想，说别人之不敢说的话，仅仅是这样，就被特务们暗杀了。无耻啊！无耻啊！

闻一多的这一番话，立刻引来了雷鸣般的掌声。大家之前还沉浸在悲痛之中无法自拔，听完这一席话，纷纷拭去了眼角的泪水，一脸怒火。唯有那些混进场内的反动派还在嬉皮笑脸，惺惺作态。

闻一多激动地大声喊道："今天，这里有没有特务！"这群无胆鼠辈，只敢暗地里使坏，让他们站起来却只会畏畏缩缩，先前捣乱的胆气在闻一多汹涌的气势面前也都烟消云散。杀了人却不敢承认，还嫁祸于共产党，捏造了"桃色案件"想蒙混过关，简直是痴心妄想！

掌声雷动，这是大家为闻一多的喝彩，也是为正义助威。

抗战结束以来，昆明流了两次血，一次是"一二·一"事件，流的是年轻人的血，一次是李公朴暗杀事件，流的是老一辈进步人士的血。"这算是昆明无限的光荣"，是"某集团的无耻"！人民只会为了这些民主的鲜血而愈战愈勇，"某集团"也只能在民主的浪潮之中走向灭亡！

闻一多一声声怒吼，让所有人都倍感振奋，再看那些特务们，面对着严厉尖锐的指责，默不作声，仿佛哑了一般，只将卑微的头颅低下，恨不得钻进土里。

会场内气氛激昂，闻一多不得不等安静下来再继续演讲。

做出如此伤天害理之事的反动派，他们"是怎么想法?"、"心理是什么状态?"、"心是怎么长的?"，闻一多一连抛下这三个问题，他知道他们不敢回答，他替他们回答！

之所以如此行事，正是因为他们心中的恐惧，他们慌了，他们害怕了，他们知道自己时日不多了，他们快完了。

他们的末日，会因为他们多杀几个人而被延期吗？不会！他们的行为只会将他们的末日提前，民心大失，又何来统治稳定？一个李公朴倒下了，还有千千万万个李公朴站起来。民主的火焰是永不熄灭的！

国民党制造恐怖，不过是在垂死挣扎，民主的曙光已经出现了，光明就在眼前，"现在正是黎明之前那个最黑暗的时候"，胜利就要到来了，何必去怕反动派们的卑劣手段。他们的失败早已注定了！

特务们之所以选择在这个时候动手，是看重复原期间，联大师生大多都已经走了，他们以为这个时候民主力量最为薄弱，认为有机可乘。很明显，他们想错了！李公朴的牺牲不是因为昆明民主力量薄弱，而是因特务们过于狡猾。昆明的民主力量从未被削减，看看到场的众多青年，他们全都是民主的力量。

"我们不怕死，我们有牺牲的精神，我们随时像李先生一样，前脚跨出大门，后脚就不准备再跨进大门！"

横眉冷对千夫指，纵使反动派猖狂反扑，也不过是苟延残喘，他们已命不久矣，胜利终将属于人民！

6. 文豪的陨落

心若还会跳动，就应该为之颤抖；泪若还未干涸，就应该为之汹涌。7月15日，世人应该铭记，不是因为这一天昆明全城阴郁，而是因为这一天，一位文学巨匠，在国民党凶残的暴力之下，遗憾陨落。

闻一多，在众人的拥簇之下离开了致公堂，一想到刚刚狠狠痛骂了国民党，他的心情不可谓不舒畅。

中午12点左右，闻一多回到了家中，看到丈夫回来，高孝贞紧绷的神经终于放松了。若她知道丈夫又去演讲，恐怕她又要担心了。

闻一多见立鹤在家，便偷偷地告诉他："我去云大演讲了！"立鹤一愣，这几天时局动荡，怕出什么意外，他一直都跟着父亲。今早被父亲派去给冯素陶、楚图南送行，不曾想到回来的时候父亲已经出了门，便一直担心，没想到他竟然去了云大，还做了演讲，立鹤很不赞成父亲的做法，幸而他平安无事地回来了。

闻一多惦记着下午的招待会，他让立鹤1点30分再叫他。上午的演讲，确实让闻一多颇感疲惫，不一会儿便睡着了。

或许是过于惦记招待会吧，还未到时间，闻一多就醒了，他起身开始做出门的准备。高孝贞见闻一多又打算外出，心一下子提到了嗓子眼："怎么，又要去开会！"闻一多轻拍着妻子，向妻子保证马上回来。这时楚图南也来到家中，他要与闻一多一同前往，见到有人陪同，高孝贞也稍微放心了些。

两人都是民盟主要成员，立鹤有些不放心，便也跟了出去，一直送到民主周刊社的门口才转身离开。闻一多让他下午5点左右再来。

招待会进行得很顺利，于5点左右散会，考虑到两人一起走会有危险，闻一多、楚图南便分别离开了民主周刊社。闻一多走出来的时候，立鹤早早在门口等了，父子二人慢悠悠地向西仓坡走去。

西仓坡的宿舍离民主周刊社不过200米，拐个弯便可看见自己的家。想到不多时便可回到妻子身边，闻一多也松了口气。这几个月来，妻子一直担心自己的安慰，这是最后一个会了，接下来妻子可以彻底放心了。

西仓坡是个相对僻静之地，此时的行人也寥寥无几，巷子里静悄悄的。拐了个弯，宿舍的大门出现在眼前，还有几步就到家了。

突然，阴暗的角落里传来了一阵枪响，早就埋伏在暗处的特务们扣动了手中罪恶的扳机，雨点一样的子弹带着刺耳的尖叫声向闻一多呼啸而去。

闻一多胸部、手腕都被击中，单单头部就有三处枪伤，他身子一软，便倒在了地上。

一直担心的事还是发生了。

立鹤看到父亲倒下，便知大事不好，也顾不得自己的安危，马上扑了上去，想用自己的身体帮父亲挡子弹。特务们明知自己已经得手，可仍不离去，又连续射击。立鹤拼尽全力，大声喊道："凶手杀人了，救命！"

立鹤筋疲力尽，从父亲的身上滚了下来，这才看清父亲身上到处都是枪眼，血流不止。立鹤还想扑在父亲身上替他挡子弹，可却发现怎么也动不了了，原来，他自己的右腿已经断了。他身中五枪，肺都被打穿了，一颗子弹离心脏仅有半寸。

见闻一多、闻立鹤不再动弹，特务们停止了射击，走上前来踢了闻一多几脚，担心他没死透，又补了几枪。之后，几人便乘着吉普车离开了现场。

这场暗杀，早在 5 月时就已开始密谋了。当时，云南警备总司令霍揆彰命令稽查处处长王志明搜集情报，制定了一个 50 多人的黑名单。情报是由情报科长单学修整理，以王子明的名义提交给霍揆彰。

6 月，霍揆彰带着王子明来到南京，向陈诚汇报了此事，打算将名单上交给蒋介石，由他圈定行动对象。但当时的蒋介石正与马歇尔商谈东北之事，这项行动方案也就搁浅了。

7 月，国防部发密电给霍揆彰，称"便宜处置"，霍揆彰便继续进行暗杀计划，李公朴、闻一多便是首批暗杀对象。霍揆彰称，每杀一人，不仅可以加官晋爵，还有 50 万法币的酬劳。

　　暗杀李公朴，是警备司令部行动科第十一行动组组长赵凤翔带领手下特务执行的。由于赵凤翔未按计划将李公朴绑至郊外再秘密活埋，惹得第六行动组组长崔镇山十分妒忌，于是他召集手下，限3日内杀死闻一多。那几天，西仓坡早就安排了特务，闻一多的一举一动都被他们监视着，正是他们杀死了闻一多。

　　从闻一多出门之后，高孝贞的心一直悬着，当她听见枪声，便拼命地往大门口跑去，一眼就看到了门外躺着的血淋淋的父子俩。高孝贞抱起了闻一多，血已经染红了她的衣服，看着重伤的丈夫，她无法忍住悲伤，失声痛哭起来。她艰难地转过身去，只见浑身是血的立鹤，瞪着一双充满仇恨的眼睛。

　　一同赶来的还有赵妈、闻铭、闻惠羽以及立雕的好友庄任秋，大家合力将父子俩送到了医院。

　　立鹤的伤势十分严重，由于剧烈的疼痛，他的神经已经麻木了，但他的头脑保持着清醒，一路上他都自言自语着："我够得上做爸爸的儿子了！"立鹤已经做好了牺牲的准备，他对庄任秋说："老黑，你要帮我母亲的忙。"随即脱下自己的手表给他作纪念，并嘱咐他要为他报仇。幸而，经过医生的抢救，立鹤还是从死亡线上被拉了回来。

　　不过，闻一多的伤势太严重了，身上多处致命伤，医生翻了翻他的眼皮，表示实在无能为力。这位始终为民主操劳的战士，此刻终于可以休息了。他安静地躺在那儿，如同沉睡一般，是的，他只是睡着了，睡醒了就会回来。

　　有些人死了，可依然活在世人心中。闻一多虽已经离世人而去，可他为后代万世创造出的精神财富，无疑能扶正出更多如他一般的血性斗士。民主之火生生不息，在英雄挤满的天国，他也自会继续血性下去。